Inhalt

GSCHICHTLA

LIADLA

LEBENDIGE WEIHNACHTSBRÄUCH' IM LÄNDLE

KRIPPASPIEL'

Vorwort

Advent und Weihnachten – längst ist die besinnliche Zeit dem hektischen „Bethlehem-Run" gewichen. Dennoch sehnt sich der Schwabe und die Schwäbin nach der Ruhe, nach heiter-besinnlicher Einkehr, gerade in dieser stressigen Vorweihnachtszeit. Erinnerungen an die Kindheit dominieren bei den meisten die Gedanken, die Gerüche und Traditionen, die noch lebendig sind, werden wieder wach. Auch mir geht es so. Aus diesem Gefühl heraus sind die Geschichten und Weihnachtsspiele entstanden, die in diesem Büchle zu lesen sind.

Es sind heitere und besinnliche Kurzgeschichten sowie drei Weihnachtsspiele, die ich zum Vortrag bei Adventskonzerten geschrieben habe. Ergänzt werden sie durch einige schwäbische Weihnachtslieder und alte Bauernregeln, sowie durch einen Überblick über etliche Bräuche im letzten Jahresmonat im Ländle. So ist ein buntes Advents- und Weihnachtsbüchle entstanden, das dazu verführen soll, es – vielleicht bei einem Glühwein und Springerle – immer wieder in die Hand zu nehmen, zu lesen und vorzulesen. Alexander Linke hat in seiner vortrefflichen künstlerischen Art die Illustrationen dazu beigetragen.

Ich wünsche Ihnen viel Freude mit meinem Weihnachtsbüchle!

Herzlich

Ihr Wulf Wager

Dr Niklausrausch

In sellem Schwarzwaldort – i sag net, welcher – isch es scho seit viele Generationa dr Brauch, dass an de Obend vor em Niklaustag dr Heilige St. Nikolaus, begleitet vom Pelzmärte, vom Ruprecht ond voma Engele, von Haus zu Haus zicht, om dia Kendr zu examiniera. Des hoißt, er frogt se ab, ob se au äwwl a'ständig gwäa send. No prüft er no a Gebet ab, ond dann gibt 's ebbes Fei's aus dem Sack, den die Hausleut' scho vor dr Tür für da Nikolaus ond seine furchterregende Begleiter abgstellt hend. Meischt Nüss, Oraascha ond ebbes zom Schlecka. Zur Sicherheit hot dr Pelzmärte aber au no a Rute drbei, falls mol a net so a'ständigs Bürschle anzutreffa isch, was aber ziemlich selta vorkommt. Denn die drei Brauchgestalta hend bisher no jedem Halbwüchsiga Ehrfurcht ond Reschpekt eigflößt. Emmer wenn dia Brauchprozedur en dr Stub fertig isch, kriagat dia drei Manna ond der Bua, wo des Engele spielt, no an Schnäpsle, a Bier oder an Mooscht. Ond so wird die brauchtümliche Bagaasch mit jedem Haus, des se bsuachat, luschtiger ond lässiger. Fahrlässiger.

Scho seit bestimmt zehn Johr warat des – bis auf 's Engele – emmer die Gleiche. Dr Wannamacher Schorsch hot da Niklaus geba, weil er dr Graischt war. Außerdem war sei Bruadr Pfarrer em Oberland, ond vom dem hot er emmer sei Chorhemmad, d' Stola ond dia Mitra kriagt, die der dort ema alda Kaschta en dr Sakrischtei gfonda hot. Da Bischofsstab hot 'r aus ma Besastecka ond ma kupferna Wasserrohr selber zammabaschtelt, denn dr Wannamacher Schorsch war Fläschner. Dr Pelzmärte war dr Fritz, dr Jong vom alda Schäfer. Des war gschickt, weil der sich sei Gwand aus alde, zemlich meuchelnde Schooffell selber zammanäha hot kenna. 's Gsicht hot 'r schwarz a'gmolt ond a Fell voma schwarza Schof om da Kopf bonda. Dann no en Schellariema voma Fasnetsnarra ond en alter Besa – ond fertig war der Kerle. Dr Ruprecht war a hagers Maale. Des war dr Daodagräber Muffler. Net, dass des sei Hauptgschäft gwäa wär, der war eigentlich Amtsbote, aber er hot sich in sellem kloina Schwarzwalddorf dodurch no a paar Kreuzerle drzua verdient. Des war au naidich, weil der hot sieba Kendr ghet. Sei Verkleidong war en aldr Wehrmachtsmantel, der so lang war, dass 'r öfters mol drufdappt isch, a Kapuz voma alta Anorak ond an Bart, den er sich aus Dichtungs-Flachs vom Fläschner Wannamacher zemagschuschtert hot, hot sei Verkleidung komplettiert. 's Engele hot emmr an alts weiß' Leinanachdhemmad vom Wannamacher seiner Ahna a'geht. D' Flügela hot dr Muffler aus Pappadeckel ond Goldpapier zemagleimt. Des war also die brauchtümliche Gesellschaft. Sehr ansehnlich. Ond em Ländle au scho a bissle bekannt. Scho viele Studenta vom Volkskundeinschtitut von dr hiesiga Universität hend den Brauch beobachtet ond beschrieba ond au 's Fernsäh war scho drbei, wo die vier ihren em Ländle weltbekannta Brauch ausgübt hend.

An Rausch hend se eigentlich bei jedem Omgang, den se em Dorf beschritta hend, hoimbrocht. Mol meh, mol weniger. Des hend aber weder die Wissenschaftler noch die Fernsähleut' zom seha krieagt. Oimol, do isch im adventlicha Sinnesrausch a gottesglatte Gschicht passiert: Es war scho spät, ond die vier hend no zwoi Häuser zu bsucha ghet. Des oine war an weit abglegener Baurahof ganz oba uf dr Haihe vom Schwarzwald. Am Tag vorher hot 's kräftig gschneit ond dr Weg zu sellem Baurahof war beschwerlich, a'strengend ond hot länger dauert wia sonscht. Dort a'komma, warat dia Brauchprotagonischta zemlich durchgfrora. Also hend se noch ihrem Auftritt dem wunderbara Schwarzwälder Kirsch von sellem Baura kräftig zugsprocha. Drzuana hend se no a schees Veschpr kriagt ond es war recht gmiatlich en dr Kiche von dem Baurahof. Irgendwand aber hot 's Engele, was dr Sohn vom Schultes war, uf d' Uhr guckt ond gsäh, dass es scho sehr spät worda isch ond die vereinbarte Besuchszeit beim letschta Haus scho om über a Stond überschritta war. Mr hot jo gwisst, dass die Kendr en 's Bett miassat. In ihrem adventlicha Höharausch hend sich also die vier überlegt, wia se jetzt am schnellschta wieder en 's Tal kommat. Dr Bauer hot se net fahra kenna, weil der jo au em Schnaps zugsprocha hot, ond d' Bäure hot bei de Kender bleiba miassa.

Vor em Haus isch a Rodelschlitta gstanda. Wia von dr heiliga Erkenntnis troffa, isch ihne en da Senn komma, oifach auf den Schlitta zom sitza ond ens Tal zom fahra. Des dät ihne bestimmt a halbe Stond beschwerlicha Abstieg durch da tiefa Schnee erspara. Gesagt, getan. Sie hend sich älle uf da Schlitta gsetzt. Vorna dr Daodagräber Muffler als Ruprecht, dann dr Nikolaus Wannamacher ond schließlich dr Pelzmärte Fritz, dr Jong vom alda Schäfer. 's Engele hot koin Platz meh ghet, also hot der Kerle henterher sprenga miassa. Des war übrigens dr oinzige, wo koin Rausch ghet hot. Drweil war doch des dr Rauschgoldengel ...

Kaum auf d' Spur gesetzt, hot der Schlitta durch des mächtige Gwicht von denen drei a jesasmäßige Rasanz druf kriagt. Ema wahre Geschwindigkeitsrausch send drei Berauschte da Berg nagrast. Auf ihrem Weg ens Tal hend se ogfähr drei Tännala, zwoi Katza ond oin Hond ibr da Haufa gfahra, die sich ihne in da Weg hend stella wella. Außerdem hend se em Bischof sei Mitra ond da Sack mit de Nüss ond Oraascha vrlora.

Em Tal send se mit vollem Karacho im Komposchthaufa vom Gasthaus Engel glandet. Dodrbei hots em Muffler sein Flachsbart weit über d' Augabraua gschobe, sodass 'r nix meh gesäh hot, ond drieber send em a paar Oierschala ond a paar Spätzla aus dem Komposchthaufa ghangat. Dr Fritz hot sich am harta Deez vom Wannamacher bei dem Aufprall d' Nos bluatig gschlaga ond dr Nikolaus Wannamacher hot am Besa vom Pelzmärte sei weiß Chorhemmad vrissa. Benebelt vom viela Kirschwässerle hend se des aber gar net so richtig wahrgnomma ond hend voll brauchmotiviert am letschta Haus klopft. Wo des Engele atemlos die Drei erreicht hot, war's scho z' spät. Die Tür isch aufganga ond dr Niklaus hot gsait: „Imnamendesvaddrsdessohnesuneshaiiiiligengaiiiiiiischeeees".

Des Gsicht vom Großvater, der dia Tür aufgmacht hot, kennatr euch vorstella. Der hot aber glei gspannt, was los war, hot em Ruprecht sein Rauschebart zrecht- und dia Oierschala rauszupft ond hot die vier hoim gschickt zom ihren heiliga Rausch ausschlofa. „Gangagt hoim, in Gottes Nama", hot 'r gsait. Er isch jo selber frieher emmr dr Niklaus gwää.

Zom Glück warat do dia Volkskundler ond die Fernsähleut net drbei. I woiß jetzt jedafalls, woher die Begriffe Rauschgoldengel, Höharausch ond Rauschebart kommat.

Adventslichtverschmutzong

Es geit so a paar Sacha, die mi richtig aufregad. Wenn A'fang September scho die erschte Schokladanikoläus en de Regal standat, kennt i auf dr Sau naus. Es ärgert mi au, wenn Ende Oktober d' Kender als Hälowiin-Gschpenschter durch d' Gegend rennat ond somit dia guade alde Riaba-Goischter in Vergessaheit grotat. Ond es ärgert mi richtig saumäßig, wenn i ab November beim Ei'kaufa ständig mit Dschingl-Bells ond Stille-Nacht-Gedudle beschossa werd, ond zwar egal, ob i Zahnpaschta oder en schwarza A'zug eikauf. Ma sott die Dauerbschallung mit grässlich-amerikanischem Wait-Grismäs-Gejappse oifach boykottiera. Oder dene Amerikaner da Gotthilf Fischer als Gegamaßnahm auf da Hals hetza. Des wär a gerechte Strof, fend i.

Was mi aber wirklich sakrisch ufregt, des isch die Lichtverschmutzong, die ons die Amerikaner brocht hend und die viele Leut bei ons nochmachat: Rosarote Lichterketta en de Fenschter, grellbunte Blinklichter em Garta, überilluminierte Rentier' uf dr Terrass' ond wahrscheinlich au no a Lauflicht rund om d' Kloschissl.

Wenn d' Leut scho koi Adventslicht me in de Herza hend, no wenigschtens en de Fenschter, am Haus ond em Garda. Vermutlich braucht mr an extra Kernkraftwerk, bloß um die Weihnachtslichtverschmutzung zum Leuchta zu brenga. Also Leut, des goht so net! Zendat lieabr a Kerzle a ond lassat Euer oigas Licht a bissle weiter leuchta. Mit am Spiegele könnat 'r mit so am Kerzle bereits da zwoite Advent feira.

Diesmol wird 's andersch

Diesmol dät 's bestimmt net so enda wia en de letschte Johr. Do war er sich ganz sicher. Diesmol fühlt er sich stärker ond gfeschtigter als en de Johr drvor. Seit sei Frau mitsamt seine boide Buaba ganga isch, weil se an andera gfonda hot, wo 'nr meh bieta hot kenna wia er, hot 'r ganz zrückzoga glebt. Es war a grauße Enttäuschung, net wega seira Frau, sondern vor allem wega seine Buaba. Dia hot 'r arg vermisst.

Er isch äll Dag schaffa ganga ond hot gmacht, was mr von ehm verlangt hot. Mit Leidaschaft war er allerdings net bei dr Sach. Aber en dreißg Johr bei dr gleicha Firma isch 'r no koin Tag krank gwäa. Wenn 'r obends hoimkomma isch, no hot 'r sich ebbes kocht ond dann no a Weile fernsähguckt, bevor er en s Bett isch. Gschlofa hot 'r sowieso nemme so guat, seit 's Bett neba ihm leer blieba isch. Oft isch 'r nachts ufgwacht ond isch sehnsuchtsvoll ins Zemmer von seine Buaba ganga ond hot gottserbärmlich plärret.

So isch eigentlich jeder Tag gwäa. Kontakt zu ander Leut hot 'r ufs Nötigschte beschränkt. Er war vom Läba enttäuscht ond au mit em Herrgott hot 'r nix meh a'fanga kenna. Seine Buaba send scho seit Johre nemme zu ehm komma. Sei Ex-Frau hot an Haufa o'wohre Gschichta erzählt, sodass sich die Kerle emmer meh vom Vaddr zurückzoga hend. O'glaubliche Schmerza hend sich tief en seim Herza eibrennt. Eigentlich hot 'r gar nemme gwisst, für was 'r ibrhaupt lebt. Ehm wär's eigentlich ganz egal, wenn 'r ama scheena Dag oifach nemme ufwacha dät oder wenn dr Schnaipflug ehn oifach mitsamt seim alda Karra von dr Stroß räuma dät. 's Oinzige was em blieba isch, isch die Sehnsucht noch seine Buaba. Vrdeant hot 'r gnuag, aber fascht nix braucht. En Urlaub isch 'r nia gfahra. Er hot älles gspart, falls seine Buaba amol wieder kommat ond ebbes braucha dädat. D' Erinnerung, des war von ond für was er glebt hot. Oft isch 'r stondalang am Fenschtr gstanda ond hot sich erinnert, wie 'r frieher mit seine Kerle Fuaßball gespielt hot oder Schlitta gfahra isch. Domols, wo se no a richtige Familie warat. Er hot Bilderalba gwälzt, wo dr Karton an manche Stella schon ganz wellig war von seine sehnsüchige Träna. Er hot sich, andersch wie andere Väddr, emmer Zeit gnomma für seine Jonge, des war ehm wichtig. Umso größer war die Enttäuschung und Verletzung, wo dui uf oimol nemme komma send. Weil sei Frau ihre gemeinsame Kendr manipuliert hot. Seit die Buaba nemme zu ehm kommat, isch sei Leba ohne Freid.

Ond jetzt stoht wieder Weihnachta vor dr Tür. „Diesmol wird 's andersch", hot er sich vorgnomma. Wia älljohr hot 'r en Baum kauft ond wia früher mit Strohstern, Kugla ond echte Kerza gschmückt. „Diesmol wird's gwieß andersch." Des hot 'r die ganz' Zeit em Geischt vor sich na gsait. Diesmol dät 'r net ganz alloi vor em Baum hocka ond Rotz ond Wasser heula. So fescht hot er sein Schmerz in seim Herza eigschlossa. „Diesmol wird's andersch!" Diesmol fließat koine Träna.

No isch dr Holige Obend komma. Da halbe Dag hot 'r gschafft wia emmr ond no sei viel zu grauße Wohnung putzt ond hergrichtet, wia wenn die ganz Familie zom Bsuach komma dät. Des hot 'r no nia gmacht, aber heut' war's ehm drnoch. „Diesmol wird's andersch!"

Er hot en guada Kartoffelsalat gmacht, oinr der richtig mit oim schwätzt. Eigentlich viel z' viel für oin Oinzelna, aber guat, er könnt jo die ganze Weihnachtstag drvo essa. Ond drzua hot 'r sich a paar Soitawürschtla warm gmacht. Er war sich ganz sicher, dass es desmol wirklich andersch wird. Er isch hart worda gegeniebr sich selber. Den Trennungsschmerz, den Verluscht, des Ungeliebtsein von Menscha, die ehm wichtig send ond die er liebt – des alles hot 'r guat verschlossa em henderschta Winkel von seim Herza ema eiserna Käschtle vrsteckt. „Diesmol wird's andersch!" Wie 'r grad a'gfanga hot mit Veschpra, schellats z' Mol an dr Tür. Er hot sich gar koine Gedanka gmacht, wer des jetzt sei könnt. Er hot jo fascht koine Kontakte zu irgend ebber. Erwartungslos isch er an d' Tür gschlappt.

Woner se langsam ufgmacht hot, hot ehn dr heilige Schlag troffa. Stoht sei Älteschter drvor, mit ma kloina Kendle uf ond ra hübscha Frau am Arm. „Grüß Gott Vadder", hot 'r gsait, „i mecht Dir mei Familie vorstella, mei Frau ond Dei Enkeltochter".

Ond z' Mol isch des eiserne Käschtle, wo ganz henda en seim Herza versteckt war, ufspronga ond er hot wieder – wie äll Johr – am Hoiliga Obend Rotz ond Wasser gheult. Aber diesmol war alles ganz andersch.

Dr Adventsritt

Das Glück der Erde liegt auf dem Rücken der Pferde", so hoißt a alt's Sprichwort. Manchmol fällt aber au oiner vom hoha Ross, weil dr Gaul mit ihm durchganga isch. No liegsch em Rücka auf dr Erde ond über dir send Pferde. Koi so scheene Vorstellong. Aber so ka 's komma. Ond so isch 's meira kloina Dochtr letscht Johr ganga.

Wia älle jonge Mädla hot mei Kloine irgendwann mit zehn, elf oder zwölf, wie de meischte Mädla en dem Aldr, da Pferdevirus kriagt. Ond was macht mr net älles als liebender Vater? Nadierlich hot se Reitstonda nehma dirfa. Oimol en dr Woch isch se fortan uf Isländer durch d' Gegend trabt. I han den Traum vom Reita als Kend au ghet. Aber mir hend ons des net leischta kenna. Dr Traum isch trotzdem irgendwo en meim Hinterstüble hanga blieba.

Noch a paar Johr, so zemlich genau mit sechzehn, hot bei meira Jüngschta von oim Dag uf da andere des Interesse an dene Rösser ufghört ond drfier des an Kerle mit Sixpack a'gfanga. Soweit also älles normal. Jetzt hot sich des Pferdethema amol für lange Zeit erledigt ghet bei ihra – aber net bei mir.

Seit viele Johr organisier i da Cannstatter Volksfeschtomzug ond han den au viele Johr em Fernseh moderiert. Ond wo i des nemme gmacht han, han i mir denkt: Jetzt könntescht jo amol auf am Gaul durch den Omzug paradiera. Also han i drei Reitstonda gnomma ond han mir en Gaul ausglieha om den Omzug zom

Reita. Bill hot der ghoißa, ond der war stoischer als der Ochs em Heiland seim Stall. Will hoißa, der war die Ruhe selbscht. Mit rond tausend Kilo ond am Stockmaß von 1,80 Metern war dr Bill Angehöriger von dr graißchta Pferderasse der Welt. I ben zwar graoß, aber en meira über die Jahrzehnte a bissle bhäb wordana Trachtalederhos ben i bloß mit am Loiterle uf em Bill sein Buggl komma.

Dr Bill isch 's ganz Johr uf ra Woid em Oberland gstanda ond hot sich gfreit, dass 'r amol en d' Hauptstadt komma derfa hot a paar andere Gsichter zom seha also so a paar zauslige Oberschwoba. Zumindescht isch es mir so vorkomma. Den Omzug hot 'r guat gmoischtert – ond i au. Vor lauter Ibrmuat semmr sogar oimol durchs Feschtzelt gritta. Wenn i domols scho em entfernteschta a bissle a Ahnung von Pferde ghet hätt, hätt i des sicher seilassa. Aber wia gsait – dr Bill war die Ruhe selbscht.

Jedafalls war 's meira Frau ob meiner aus ihrer Sicht dilletantischa Feschtzugreiterei et arg wohl. I han mi ihrer Moinong noch mit meine Reitkünschte völlig überschätzt. Deshalb hot se mir zom Geburtstag 10 Reitstonda gschenkt. „Wenn Du in einer Sache Meister geworden bist, dann musst Du in einer anderen Sache Lehrling werden", so hot amol en gscheiter Ma gsait. Also guat. Ond uf oimol war i Lehrling. Ond wia. I han halt denkt, do hoggsch druff ond reitesch los, so wia emmr, wenn i ebbes afang. Aber weit gefehlt. Do hosch Du nämlich a Lebewesa ondr dir, des en oigana Kopf ond vier Fiaß hot, des aber im Gegasatz zu dir scho reita ka – ond zwar am liebschta ohne Reiter.

Nixdestotrotz han i mi a'gstrengt, war en gelehriger Lehrbua ond han die Kommunikation mit dem Pferd anhand von Gewichts-, Schenkel- und Zügelhilfen glernt. Irgendwann aber noch anderthalb Johr war i no so weit, dass mi mei Reitlehrere au hot alloi mit dem Gaul ausreita lassa. I han no au 's erschte Reitabzoicha –

sozusaga die Berechtigung zum Führen eines Gaules – gmacht, ond han mi scho ganz guat gfühlt, obwohl i dreimol während derra Reitabzeichalehrgangswoch vom Gaul ghagelt be. Der Gaul isch halt liabr vor em Hinderniss standa blieba ond mi alloi niebergschickt.

Jetzt war i nadierlich trotzdem so begeischtert von meiner Reiterei ond han die Begeischterong mit Begeischterong so verbreitet, dass mei Kloine au wieder Blut gleckt ond Reitstonda gnomma hot.

Mei Reitlehrere hot zwoi Gäul: en gmiatlicha ältera Fuchswallach mit Namen Celano ond a zickige pubertäre Rappstute, die – wie könnt 's au andersch sei – Sophie hoißt. Mir isch dr Celano emmer liaber gwäa wia d' Sophie, aber ab ond zu ben i se halt au gritta.

Letschts Johr han i mi mit meira Kloina zoma gmiatlicha Adventssonntagsnochmittagsausritt verabredet. I han ihra den stoischa Celano glassa ond mir die zickige Stute Sophie gsattelt. Ond no semmr gemiatlich en da Wald gritta. Zerscht semmr langsam im Schritt anezuckelt ond no aumol a bissle trabt. Allerdings kennat die Gäul die Strecka, wo se au amol kräftig galoppiera dürfat.

No semmr an die Galoppstrecke komma ond mir hend ausgmacht zom galoppiera. I ben mit dr Stute vornadrauß ond mei Döchderle hendadrei. Dia Gäul warat a wenig übrständig ond hend sich nadierlich gfreit, dass se sich mol so richtig den Stallstaub aus dem Longa bloßa kennat. D' Sophie hot da Arsch ond ihre Henterfiaß en d' Luft keit ond isch auf ond drvo. I han se sprenga lassa. Irgendwann han i aber gmerkt, dass i se nemme wirklich ondr Kontrolle han. Dr Gaul isch sozusagen mit mir durchganga. I ben tief eigsässa, han aus dr Not an de Zügel zoga ond versucht beruhigend auf se eizomschwätza – soweit mir des em gstreckta Galopp möglich war. Jedafalls han i älle Händ voll zom doa ghet ond d' Sophie hot mr klar vor Auga gführt, wie weit 's mit meine Reitkünschte wirklich isch.

Auf halber Galoppstrecke isch no plötzlich der Celano neba mir uftaucht ond hot mi überholt. Alloi allerdings, ohne den Ballascht von meira Dochdr. Jetzt hot bei mir dr Überlebenswilla ei'gsetzt. Wia en Cowboy han i versucht erschtens mein zickige Stute zur Vernunft zom brenga, zwoitens selber net razomhagla ond gleichzeitig den Fuchswallach ei'zomfanga, bevor 'r auf d' Stroß sprengt.

Wo i no schweißgebadet mi ond dia zwoi Gäul ondr Kontrolle ghet han, ben i wieder da Weg zrückgritta, zom mei Döchderle aufsammla. Wo mr anfanga hend galoppiera, hot nämlich ihr ansonschta sehr ruhiger Celano en Adventssonntags-Freudasprong gmacht. Weil sie aber do'druf net gfasst war, hot 'r se em hoha Boga auf da Boda befördert. Jeder Reiter fällt früher oder später amol vom Gaul, des isch normal. Aber uf so ma gfrorena Adventswaldboda ka 's Landa scho hart sei.

Humpelnd ond mit schmerzverzerrtem Gsicht isch se mir scho entgegakomma. Des hot gar net guat ausgseha. Mit am zemlich oguada Gfühl han i onsere boide Gäul ganz langsam en da Stall gführt. Wie zom Zoicha, dass se a schlechts Gwissa hend, hend boide da Kopf tief hanga lassa. Mei Kloine isch schmerzgepeinigt henterhergwatschelt. Wo i boide Rösser versorgt ghet han, semmr ens Krankahaus gfahra. Des hot de Kloi zwar net wella, aber i han druf bestanda. Noch em Röntga war 's ganze Ausmaß von dem Drama klar: Zwoi Wirbel hot se sich brocha ghet ond deshalb hend se se glei em Krankahaus bhalta.

Erscht viel später hemmr ons mol ihren Reithelm a'guckt – der war in der Mitte komplett zerspronga. Des hät aus ganz andersch ausganga ond ondr Omständ em Rollstuhl enda kenna. Ond do sagat Manche, es gäb koine Schutzengel. Aber guat, es war jo en Adventssonntag. Vielleicht hend jo deshalb dia Schutzengel a bissle bsonders auf ons guckt?

On dia Moral von derra Gschicht:
Überschätz Deine Fähigkeita nicht.
Andersch wär 's genauer no beschrieba:
Besser mr wärat uf em Sofa blieba.
Denn fallen kannsch Du bloß vom Ross
Wenn Du drauf hocksch auf dem Gschoss.
Flacksch aber Du im warmen Zimmer,
passiert Dir so ebbes nie und nimmer.

Scheene Bescherong!

Verstandat sie mi bitte net falsch. I gönn' meine Kendr wirklich älles. Aber älles hot seine Grenza. Bei mir als Äschthet send do d' Grenza glei amol durch nicht harmonierende Farbkombinationa definiert. Meine Kender send raothoorig. Ond 's geit wenig Farba, dia zu raote Hoor et passat. Aber rosa oder neumodisch pink isch a Farb, dia definitiv net zu raote Hoor passt. Dui Farb' stoht auf meinr persönlicha Beliebtheitsskala glei hendr so ma frisch-fröhlicha Grabesstimmungs-Mongelesbraun-Grau-Schwarz. Trotzdem hot mei Frau onsre Kender emmer wieder – ond i han da Eidruck, grad mir zum Possa – en pinkfarbene Kloidla gsteckt. So lang, bis mir irgendwann dr Kraga platzt ischt, ond i ra a'droht han, se mit samt de rosafarbene Kloidla vor d' Tür zom setza.

Weil i aber an anständiger ond barmherziger Mensch be, han no wieder zrückgrudert, weil i han net wella, dass meine Kender ohne Kloider näggedich dia Weihnachtstage überstanda miassat, denn die sen grad – wie Älljohr – vor dr Tür gstanda. Die Auswahl von de Gschenkla für dia Kendr han i meinr Frau ibrlassa. Zom oina aus Bequemlichkeit, des muaß i zugeaba, zom andera, weil i ihr 's sowieso et recht han macha kenna. Sie hot wella ällaweil dr Chef sei. Wie in jeder normala Ehe halt. A Ma, wo sait, er häb drhoim d' Hosa a, dem kam mr net traua – der liagt au sonscht.

Jetzt isch dr Hoilige Obend komma, den mir wia äwwl musizierend ond singend vrbrocht hend. Bescherung war bei ons emmer erscht noch em Essa. Nochdem mr Läberkäs ond Käsmakkroni verspeist hend, isch 's losganga mit dr Bescherong. No hot dr Erscht a Päckle kriagt ond des auspackt ond älle hend sich gfreut, no hot dr Näggscht sei Päckle kriagt ... ond so isch des fortganga, oinr noch em andera. I han mi da ganze Obend scho grfogt was sich en dem graoßa, mit pinkfarbenem Gschenkpapier eipackte Päckle, des nebam Chrischtboom glega isch, wohl befenda mag. Dass des net für mi bestimmt war, war mr scho klar. Soviel Gschmacklosigkeit hätt i meira Frau et zutraut. Bis zur Vergabe von sellem Gschenkle war des au a wirklich scheenr Hoiligr Obend. Gmiatlich, friedvoll ond voll Liebe ond Musik. No hot mei Kloine des pinkfarbene Päckle kriagt. Ond domit hot des ganze Theater a'gfanga.

I han ao gmoint, mit trifft dr siediche Schlag. Aus dem pinkfarbana Gschenkpapier hot sich a pinkfarbene Pappadeckelschachtl gschält, die eindeutig auf a pinkfarbenes Barbiehaus nadeutet hot. Em Innerschta han i ghofft, dass des bloß a stabile Schachtel für 's Ausstcuerbsteck sei. Aber mei Wunsch hot sich net erfüllt. Irgendwie hot mi wohl am heiliga Chrischttag mei Schutzengel verlassa. Dem war des scheints au z' viel pink. Kaum hot mei Kloine erkannt, was se do kriagt, scho hot se mi mit ihre – ondr lange Wimpra versteckte – Auga a'blinzelt ond jenen Satz gsait, der dem Hoilga Obend schlagartig a verhängnisvolle Wendung hot geba solla: „Papa, bausch' du des bitte auf!"

Ja Hemmlherrgott, ben i a Baumoischter, Architekt oder Handwerker? I han no nia a Haus aufbaut, wenn i des hätt wella, wär i Maurer worda. Scho beim Aufbaua voma Ikeaschrank kriag i Zuständ. Bei solche Sacha han i zwoi linke Hend ond zwoi lenke Fiaß ond dribrnei drehat do meine Gehirnsynapsa vollständig durch. On jetzt leit vor mir a filgrans pinkfarbenes Barbiehaus. Noi, des isch eigentlich zviel gsait. A Haus isch do no lang et erkennbar gwäa. Des warat lauter klitzekloine Einzeltoil. Do warat net amol zwoi Toil zsammabaut. Älles fein säuberlich in kloinschte Einzeltoil. Dr Gipfel aber war, dass dui Beschreibong, wir mr des Gruselhaus zeemabaut, beim Vrpacka scheint's vrgessa worda isch. Do han i da Dreck geht. 's erschte Mol en meim Läba han i mir gwünscht, dass mei Frau wirklich dr Chef isch ond au Verantwortung für den Mischt übernemmt, den se do a'grichtet hot. Sui dät jetzt mit dr Graoßa d' Kiche aufraima ond i soll drweil mit dr Kloina des Häusle aufbaua. Drweil! Häusle! Des pinkfarbene Oinzeltoilungetüm isch a dreigeschössige Prachtsvilla mit Gaul ond Stall ond Koppel ond Motorad ond, ond, ond .... also mit ällem Schnickschnack halt gwää. So zoigts zumindest dia Pappadeckelschachtel. Normalerweis guck i mir ebbes a, ihrreiß de gschwend, spuck en d' Händ ond no fang i a. Meischtens klappt des guat. Aber in dem pinkfarbenen Problemfall, der mi scho nah an d' Suizidgrenze brocht hot, war mir glei klar: Jetzt muasch erscht mol en Plan macha.

Guade Plän' fangat bei mir emmer mit ma guada Fläschle Wei a. Also ben i en da Keller ond han mr an trockana Trollinger mit Lemberger gholt. Was für an herrlicher Gegasatz, – dieses wunderbar schimmernde, kraftvolle Rot von dem württabergischa Wei ond des grässliche schreiende amerikanische Rosa. Trotzdem hot mi der Wei erscht mol beruhigt – wega seira scheena Farb. Noch de erschte zwoi Viertela han i älles auspackt ond großzügig en dr ganze Stub verdoilt. Sie miassat sich des mol vorstella, mei scheene Wohnstub über ond über übersäht von lauter kloine pinkfarbene Plaschtiktoil. Da friert 's de an d' Auga. Des hot ausgsäha wia noch ma Blitzkrieg em Disneyland. Nadierlich hot mei Kloine dauernd helfa wella. Aber i han 's jo selber net blickt ond han se vrseckelt. Bloß weil sie so an Hennadreck gschenkt kriagt häb, sei mir jetzt dr ganze Hoilige Obend vrsaut. No isch se heulend zu ihrer Mutter en d' Küche grennt. Des duat mr heut no loid, wirklich. Aber en vrzweifelte Laga reagiarat d' Mensche oifach manchmal o'kontrolliert. Jetzt war i also alloi en dr Stub, also au alloi mit meim Elend. Noch de näggschte zwoi Viertela han i mol vrsuacht, des pinkfarbene Fiasko en Stockwerk zu sortiera. Dr Wei hot a gewisse Kreativität en mir a'gregt, wia jo älle große Geischter, zom Beispiel dr Friedrich Schiller oder dr Theodor Heuss, gern a bissle Wei braucht hend, damit ihr Genialität zom Ausbruch komma ischt. Noch em näggschda Viertele war 's bei mir soweit. I han mei Genialität da Buggl nuffkrebsla gspiert. Also han des Häusle noch meinr vom Wei beflügelta Idee vrsuacht zsammazombaua. D' Gardina hend mir flatternd am Keemich viel besser gfalla. Dodruzua han i da Fön aus em Bad gholt, uf da Stuahl glegt ond fließig blosa lassa. Ond d' Badwann han i en da Kuche gstellt, damit dr Ken dr Barbie beim Kocha zugucka ka, solang er a Fichtanadelentspannungsbad nemmt.

Jetzt hot mr 's uf oimol a'fanga Spass macha. Also han i mir noamol a Viertele ei'gschenkt ond weiter kreativ an dem pinkfarbena Gruselhaus rombaschtelt. Do war au a weißes Plaschtikperd drbei – mit rosa Mähne ond rosa Schweif. Dem han i mit dr Nagelscher scheene Zickzackmuschter en d' Mähne gschnitta on da Schweif mit Goldspray weihnachtlich omgfärbt. So aufgmotzt hot dr Gaul besser en 's Schlofzemmer passt als auf die zom Haus gehörende Koppel. In dia han i des Motorrad vom Ken gstellt. Mir schien des logisch, dass PS, also Pferdestärken, en d' Koppel miassat. Ond so isch des weiter ganga. I war ema richtiga Kreativitätsrausch ond han älles durch die rosa Brille betrachtet.

Mei Familie hot mein weinbeseelta Kreativitätszustand durch die Durchreiche bis en d' Küche wahrgnomma ond hot sich – om mi net z' störe ond aus Sicherheitsgründ – en 's Bett zrückzoga. Jetzt hot 's mir richtig a'fanga Spaß macha. D' Kloschüssel han i zu ra Pferdetränke ombaut – ond ibrhaupt han i des Haus auf da Kopf gstellt ond so a Arche Noah draus gmacht. Des isch mir bei dem biblischa Fescht au viel sinnfälliger vorkomma. Aus lauter Freud über die Idee han i nomol a Fläschle Trollinger mit Lemberger ufgmacht ond mei Werk betrachtet.

So o'gfähr muass sich dr Hergott gfühlt han, wo er d' Welt erschaffa hot. Domols no ohne Menscha. Dia warat jo en meim Fall em Bett. Aber mei Vertreibung aus dem Paradies sollte folga, am näggschda Morga. Ob i no ganz bacha sei mi am Heilig Obend so zu besaufa ond des scheene Barbiehaus hee zom macha, hot mei Frau mi a'gherrscht, wo i zemlich vrkatert Trepp rakomma be. Ja han i den Kruscht kauft? Mir hätt 's dr Kauflade vom Ähne doa. Aber noi, mr will jo mit dr Zeit ganga ond modern sei ...

Am Mittag vom erschta Feiertag isch dr Onkel von meinr Kloina, also dr Bruadr von meinr Frau, mit seinr Familie zu Bsuach komma. Des ischt a Bäschtler vor dem Herrn. Der hot sofort gsäha was Sache isch ond hot die miese Stimmung in meinr Familie erkannt: „Ja wia, hoscht a Barbiehäusle gschenkt kriegat?", hot 'r mei Kloine gfrogt. Häusle! Wia ka mr au so a Hollywoodvilla als Häusle bezeichna? Schließlich hot 'r vrzehlt, dass sei Kloina geschtern au a Barbiehäusle kriagt hot, on er des geschtern au scho ufbaut häb. Des sei koi Problem.

Kaum a halbe Stond später isch dia pinkfarbene, dreistöckige Hollywoodvilla fertig zsammabaut en meim Wohnzemmer gstanda. Während der Onkel von meira Kloina do vor sich na'gwerkelt hot, han i en äller Gmiatsruhe dia reschtliche zwoi Viertela von dem dritta Fläschle Trollinger mit Lemberger tronka. Ond wissat se was? Jetzt war für mi au Weihnachta.

Am Ähne sei Kripple

Mei Ähne, den i leider nemme kenna glernt han, war a Bäschtler vor dem Herrn – im wahrschten Sinne des Wortes. Denn er hot für sei kloine Familie a wunderschöns Kripple baschtelt. En onsrer Familie isch des Kripple vom Ähne emmer en Ehra ghalta worda. Au für mi war des Kripple ebbes ganz Bsonders. Denn mitta aus dem kloina Stall in dem des Christuskendle ema Kripple liegt, ischt der Chrischtbaum gwachsa. Zemmerhoch bis an d' Decke, vrstoht sich. Was für a schö's Sinnbild. Scho dr Jesaja vrzählt als Prophet von dr Geburt vom Jesuskendle: „Und ein Reis wird hervorgehen aus dem Stumpf Isais, und ein Schössling aus seinen Wurzeln wird Frucht bringen". So stoht 's bei Jesaja 11, Vers 1. Mei Großvaddr hot do wahrscheins weiter denkt wia mancher Theologe.

Jedafalls war des emmer a ganz bsonders scheener Moment, wenn mei Vaddr ond meine Briadr am Morga vom Heiliga Obend die große ohandliche Sperrholzschachtel von dr Behne ragholt on dui Krippe vorsichtig auspackt hend. Ganz filigran war do älles gstaltet, ond 's hot braiselet wia d' Sau, weil mein Ähne dia Wegla mit Holzleim ond Sand bestreut hot. Des ischt em Lauf von viele Jahrzehnte alles a bissle mürb worda. Genauso wie die kleine Zäunla, die die Krippe umsäumt hend. Au dia warat mürb wia dr Engschtenger Heiland, ond der ischt vom Kreuz rabrecklat. Des war a Jesasgschäft – ond do stemmt der Ausdruck amol wirklich – bis dr Boom en dr Krippe gstanda ischt. Ond weil ällamol wieder Löcher en dr weihnachtsbäumlicha Optik warat, hend meine

Briadr mit dr Bohrmaschee Löcher en da Chrischtboom bohrt ond Tannawedel neigsteckt. I als kloiner Kerle han do net viel drzua beitraga kenna. Was mi au viel meh intressiert hot warat die winzig-wonzige Krippafigürla. Denn wo dr Boom mit Kerza, Äpfel, Nüss und Strohstern gschmückt gwä ischt, han i derfa des Kripple mit dene Figürla dekoriera. Oh, des war schee! Des war mei graischte Weihnachtsfraid.

Am Anfang, wo i no ebbes kloinr gwäa ben, han i mir mei oigene Heilsgeschichte zsammagestellt, weil d' Maria meiner Meinung noch oifach viel besser zom prachtvolla Keenig Balthasar wia zu dem armseliga Zemmerma Josef passt hot. Den han i mit em Ochs, der mr en dr Krippe z' viel Platz weggonmma hot, hendr da Stall gstellt. Manchmol han i den, weil der an bogana Hirtastab aus Droht ghet hot, au oifach an da Chrischtboom ghängt. Bei mir war d' Maria jedefalls emmer alloierziehend. Außerdem han i jo au no Platz braucht für mein persönlicha Helda: für da Superman, der do hot obedengt mitspiela miassa. Vorsichtig han i die Krippefigura aus de Seidapapier ausgwickelt ond sorgfältig nebanandr nag'stellt. Manche warat an wenig a'gfresse ond so manches schwarze Mausbebbele isch mir auch entgegaghagelt. Die Figürla hend an ganz bsonders Gschmäckle ghet. Wie halt so Zeug riecht, wenn 's a Johr lang auf dr o'isolierta Behne ei'gsperrt war. Aus Gips warat dia, des hot mr bei so zemlich älle Protagonischta von dr Heilsgeschichte gsäah. Se warat nämlich zemlich lädiert ond hend ausgsäha wia die letschte Württaberger, wo aus em napoleonischa Russlandfeldzug Annoduback hoimkomma send: Em Heiliga Josef hot an Arm gfehlt, dr Mutter Maria a Stickle vom Ondrrock. De Heilige Drei Kenig hättat zom Dentischta miassa, denn denne hend d' Krona gwacklat. Ond aus dem schwarza Keenig Melchior seim Gsicht hot a weißes Loch gstrahlt, wo frieher mol a donkle Bollanos war. Seim ehrfürchtiga Gsichtsaudruck hot des aber koin Abbruch doa. Em Esel hot dr Schwanz ond oin Fuaß gfehlt, was drzua gführt hot, dass mr den bloß an da Ox hot naloina kenna, sonscht wär 'r omghagelt. Au 's Chrischtkendle hot em Lauf von de Johr glitta: An oinr Hand hend älle Fenger gefehlt ond sei ursprünglich blonder Lockakopf war vom viela Streichla von meine kleine klebrige Zucker- ond Schockladafenger au a wenig speckig worda. Am meischta hend mi aber dia Hirta ond die Schäfla interessiert. Alljohr han i mit meinr Muadr auf em Stuagerter Weihnachtsmarkt zwoi neue Schäfla kauft, weil die Schoafherd scheins ondr dr Vrschwendsucht glitta hot.

Dia Hirta hend mi deshalb so fasziniert, weil älle an Inschtrument drbei geht hend: a Sackpfeif, des alte schwäbische Schäferinstrument, Schwegelpfeifa aus ganz schmale hölzerne Röhrla, die so groß warat wia halbe Zahnstocher. Ond oiner, so a ganz kloiner Hirtabua, hot a Maultrommel ghet. Dui war aus ra vrroschteta Büroklammer zsammaboga. Scheint's hot 's Chrischtkendle gwisst, dass mi des kloine Hosasackinschrtument fasziniert, denn juschtament en dem Johr han i so a Maultrommel gschenkt kriagt. Des war au des allererschte Inschtrument, des i mir selbr beibrocht han. Was mi emmr gwondrat hot war, dass doch eigentlich dui Heilige Drei Keenig en ihrem Hofstaat die viel tollere Instrument wie Trompeta ond Posauna ond Orgla ond Harfa geht hend, ond trotzdem warat 's dia Hirta, dia Schäfer, die mit ihre oifacha Inschdrumenta dr Heiliga Familie a Ständerle brocht hend.

Wo i älles aufbaut ghet han, han i gwartet, bis mi mei Muadr aus dr Weihnachtsstub nausschmeißt, damit 's Chrischtkendle hot komma kenna. Für an kloina Moment aber han i älljohr die Hirta auf ihre Schwegelpfeifa trillra, auf ihre Maultrommla schnarra ond ihre Dudelsäck bromma ond an Schottisch ond an Ländler spiela höra. Aber richtig ghört han des bloß i – ond 's Chrischtkendle.

Dr Auszug von älle Ausländer

Es war amol – o'gfähr drei Tag vor Weihnächta, spät am Obend. Über da Marktplatz send a paar schwarz Vermummte gspronga. An dr Kirch send se standablieba ond hend „Ausländer raus!" ond „Deutschland den Deutschen!" auf d' Mauer gsprüht. Stoiner send ens Schaufenschter vom türkischa Gmiashändler geganiebr von dr Kirch gfloga. No isch die wilde Horde wieder abzoga. Geschpenstische Ruhe. Neamers hot ebbes gsääh.

„Los komm, es reicht, wir gehen!" – Wo denkst du hin? Was sollen wir denn da unten im Süden?" – „Da unten? Das ist immerhin unsre Heimat. Hier wird es nur immer schlimmer. Wir tun das, was an der Wand steht: Ausländer raus!"

Ond wirklich wohr – mitta en dr Nacht isch Bewegong en 's Städtle komma. Die Türa von de Gschäfter send ufgspronga. Zerscht send die Kakaopäckla komma, d' Schocklada en ihre Weihnachtsverpackunga; sie hend noch Ghana ond Weschtafrika wella, denn do warat se drhoim. Dann dr Kaffee – palettaweis, des Lieblingsgetränk von de Deutsche; Uganda, Kenia ond Lateinamerika warat sei Hoimat. Ananas ond Banana send aus Ihre Kischta gspronga, au d' Trauba ond d' Erdbeera aus Südafrika. Fascht älle Weihnachtleckereia send uffbrocha: Pfeffernüss, Spekulatius ond Zimtstern – die Gewürze im Innera von dene Leckereia hend hoim wella noch India. Dr Anis hot sich aus de Sprengerla verabschiedet ond hot sich auf da Weg gmacht en sei Hoimat nach Südrussland. D' Vanille aus de Vanillbreedla isch auf ond drvo nach

Madagaskar. Dr Dresdner Stolla hot zögert; mr hot Träna en seine Zibebaauga gseha, wo 's gsait hot: „Mischlingen wie mir geht es besonders an den Kragen." Mit ihm isch 's Lübecker Marzipan ond dr Nürnberger Lebkucha komma – net Qualität, bloß d' Herkunft hot jetzt zählt. Es war scho in dr Morgadämmerong, wo dia Schnittbluma nach Kolumbia ond d' Rosa nach Afrika ufbrocha send ond Pelzmäntel mit Gold ond Edelstoi en Chartermaschina in älle Welt gstartet send.

Dr Vrkehr isch vollständig zammabrocha an sellem Tag. Lange Schlanga von japanische Autos, vollgstopft mit Optik ond Ondrhaltungselektronik, send gen Oschta gschlicha. Am Hemml hot mr gfrorene Weihnachtsgäns noch Pola fliega seha. Feine Seidahemda ond Teppich send ihne uf ihrer Bahn ins ferne Asien gfolgt. Mit lautem Kracha hend sich die tropische Hölzer aus de Fenschterrahme glöst ond send ins Amazonasbecka gschwirrt. Mr hot sakrisch ufpassa miassa, damit mr net ausrutscht, denn von ibrall her isch Öl ond Benzin gflossa ond hot sich zerscht en Rinnsal', dann in Bäch ond später in reissende Flüss' Richtung Iran ond Saudi Arabia ufgmacht.

Stolz hend die große deutsche Automobilfirma ihre Krisaplän aus dr Schublad gholt. Dr Holzvergaser isch neu aufglegt worda. Zu was brauch mr ausländischs Öl? Aber die VWs ond BMWs hend a'gfanga, sich en Einzeltoil aufzomlösa. 's Aluminium isch nach Jamaika gwandert, 's Kupfer noch Somalia, a Drittel von de Eisateile noch Brasilia, dr Naturkautschuk aus de Gummimischunga von de Roifa nach Zaire. Ond dia Stroßadecke hend mit ausländischem Asphalt im Verbund vorher au besser ausgsäha als jetzt. Nadierlich isch au en großer Toil von de Schuah in Richtung Italia, England ond Frankreich vrschwonda. Au die Boutiqa send om Kloider aus denen Länder ärmer gwää ond plötzlich war do kaum no a modische Auswahl zom fenda. T-Shirt send zrück noch Bangladesch ond Turnschuh noch China. D' Leut send plötzlich näggedich em Bett gleaga, weil dia Baumwolle noch Afrika ond Amerika zurück ischt. Ond au d' Feadra aus de Betta send de Gäns hendrher noch Pola gfloga. Des warat plötzlich kalte Nächt.

Oranga send noch Spania grollt, Dattla ond Feiga en da Orient. Weine ond Schnäps send glei containerweis in ihre Hoimatländer zrückzoga. Viele Reschdaurants, die mir gliebt hend, warat schlagartig gräumt. Nix war meh mit Pizza, Gyros, Kebab oder süß-saurem chinesischem Essa. Aus dr „Schachtlwirt", des „Reschtaurant zom Goldena M" war gschlossa. Bloß no deutsche Küche für Deutsche. Nie wieder werdat Bloamazwiebla aus Holland em Frühjohr aus em Boda sprießa ond blüha, denn au die warat aus dr Erde krebselt ond hoimwärts grollt. Feinschtes chinesisches Porzellan isch ebaso vrschwonda wie die Gemälde von viele berühmte ausländische Moler aus de Musea. Au Beschtseller en de Bücherregal drhoim, in de Bibliotheka ond Buchhandlonga warat schlagartig vrschwonda. Ond in de Musikläda ond em Internet, em Radio on dem Fernsäha send bloß no ganz wenig Musikstück ond Filme glaufa – ausschließlich uf deutsch. Denn – 's hot jo bloß no d' Herkunft zählt.

Noch drei Tag war dr Spuk vorbei, dr Auszug gschafft. Grad no rechtzeitig vor em Weihnachtsfescht. Nix Ausländischs meh war em Land. Aber Tannabäum hot 's no geba, Äpfel ond Nüss. Ond „Stille Nacht" hot mr no senga dürfa – wenn au bloß mit Sondergenehmigung, denn des Liad kommt jo immerhin aus Öschtreich.

Bloß oins hot net so recht ens Bild passa wella: des Kend en dr Krippe ond Maria ond Josef send doblieba. – Ausgrechnet drei Juda! „Mir bleibat", hott Maria gsait, „denn wenn mir aus dem Land gangat, wer will dene dann no da Weg zrück zoiga – zrück zur Vernunft ond zur Menschlichkeit?"

Mit freundlicher Zustimmung von Helmut Wöllenstein
schwäbisch ibrsetzt vom Wulf Wager

Dia Heilige Familie em Neckrtal

Wo dia Heilige Familie auf dr Reis zur Schätzung war, wia 's dr Kaiser Auguschtus z' Rom verlangt hot, hend se jo irgendwo auf em Weg noch Bethlehem ibrnachta miassa. Dass dia Tourist-Info mit ihrm Zemmrnochweis in Bethlehem net grad besucherfreundlich ei'gstellt war, wissat mir jo aus dr Bibel. Aber dass dr Sepp ond sei Marie scho uf am Weg dort na a Ibrnachtongsproblem geht hend, des wissat dia Wenigschte. Wo dia zwoi hoilige Leut domols durch 's Neckrtal noch Diebenge komma send, isch ihne iball dr Widerwilla ond dia Garschtigkeit vo denne Goga entgegagschlaga. Dia Goga warat ibrhapt net gaschtfreindlich ond au d' Näggschdaliabe war jetzt net grad oine von ihre bevorzugte Tugenda.

Wia jetzt dia boide Hoilige bei dene Diebenger Goga noch ma Nachtquartier gfrogt hend, send se bloß – typisch schwäbisch – zemlich misstrauisch beäugt worda, obwohl dia Diebengr jo an lange Hoor ond Jesuslatscha gwehnt hättat sei miassa. Ganz ohne Veschbr ond Moscht hend dia zwoi Hoilige weiterzieha miassa. En Cannstatt hend se no, ganz im Gegasatz zu dene a'gschlagene Diebengr, höfliche, nette ond fromme Leut a'troffa, dia da Sepp ond sei Marie herzlich ufgnomma hend.

Zom Dank hot dia heilige Mutter Maria bei dr Vrabschiedong gsait: „Weil ihr uns so freundlich aufgenommen habt, sollen alsbald liebliche Weinstöcke die Hänge bedecken, um euere Herzen mit wundervollem Wein zu erfreuen." Ond so isch 's no au worda.

Des Wondr vo dem Cannstattr Wai hot sich nadierlich über d' Fildra ond durch da Scheebuach bis noch Diebenga romgschwätzt wia a Lauffeuer. Sofort hend sich dia Diebengr auf da Weg gmacht ond hend ihr Schandtat bei dr Heiliga Familie wiedr guat macha wella. Kurz hentrm Ludwigsburger Schloss hend se dia boide Hoilige ei'gholt ond hend sich vor dene uf d' Knui en d' Kandl falla lassa ond om Vrgebong bittet. Sie hättet so arg gern au so scheene Wengert wia dia Cannstatter. D' Maria, güatig wia emmer, hot dene Goga ihr Grobheit vrzieha ond vrsprocha, dass au dort Reba wachsa werdat.

Wo dia grobe Diebenger Kerle abzoga warat, hot sich dr Josef, der jo äwwl a bissle meh Mensch ond weniger heilig war, wia dr Rescht vo seinr kleina Familie, gräuschpret ond gmoint, dass des eigentlich O'recht sei, weil jo bloß dia Cannstatter sie freundlich ufgnomma häbet. Dia andere, die grobe Goga, dädat jetzt bestimmt no meh saufa ond dodrbei da Herrgott ganz vrgessa.

D' Maria aber hot gsait: „Sei ruhig, Josef. Lass ihne die Wei'berg. Dr Wein wird so sauer sei, dass sie gestraft g'nug send, wenn se ihn trinka missat!"

Ond so kommt 's, dass emmer wemmr an Diebenger Wai trenkt, mr au en Reutlinger trenka muass. Denn dr Diebenger frisst oim Löchr en da Maga, ond dr Reutlinger isch so sauer, dass er dia wieder zsamma zieht.

Wia hoißt a alt's Sprüchle:
Dr Diebenger, der krätzt ond beißt
wia wenn a Katz da Hals na kreist.
Beim Reutlinger do wird's oim ganz
als ziagt mr's wieder ruf am Schwanz!

Dr Koffr vom Mischter Dongo

Weihnachta isch jo a Familiafescht. Do schart mr am liebschta seine Kendr om sich rom. So au mei Muadr. Mir send vier Briader ond dr Älteschte lebt scho seit kurz vor meinr Geburt in Südafrika. Der hot sich domols wahrscheinlich denkt, dass des Schwobaländle z' klei sei für zwoi von dr gleicha Sort.

Jedafalls hot mei Bruadr mei 87-jährige Muadr ei'glada, amol wiedr Weihnachta bei 35 Grad in Südafrika zom feira. Weil do send dia Johreszeita genau anderschrom wia bei ons. Wenn mir Wendr hend, isch dort Sommer. Weil sich so a weite Reise für so a alde Dame bloß wega 14 Dag net lohnt, isch se glei vier Monat blieba. Dodrfier hot se jetzt aber en extragroßa Koffer braucht, den i ihr – als vorbildlicher Sohn – nadierlich gern zur Verfügung gstellt han. I han ra extra a bunt's Kofferband dromrom gmacht, wo i se en München auf da Fliegr brocht han, damit se den Koffer glei kennt, wenn 'r auf dem Fließband en Südafrika drher kommt. Ganz entspannt ben i no wieder über onser scheene, weiß vrschneite Alb hoimgfahra.

I han no onsern Chrischtbaum gschmückt, a Viertele ufgmacht ond mei Werk betrachtet. Plötzlich gega halb ois en dr Nachts schellt 's Telefo. An ganz aufgregter gewisser Mischter Dongo war dra ond hot gsagt, er ständ in Kapstadt am Flughafa ond hätt sein Koffer vom Fließband nemma wella. Der sei aber net do, sondern bloß no mein Koffer mit meim Adressa'hänger dra ond außer ihm sei koiner meh do. Vermutlich häbet mir onsere Koffer verwechselt. Ob mr net onsere Koffer tauscha kenntat. En meim beschta ond höflichsta Englisch han i ihm no verdeutlicht, dass i ogfähr 12.000 Kilometer weit weg von ihm em scheena Schwobaländle ben ond net auf dr onta liegenda Seit' von dr Welt. Der hot gmoint i dät en an dr Nos romführa, weil er vom Schwobaländle no nia ebbes ghört hot. I han em no erklärt, dass mir Schwoba 's Auto, dr BH ond 's Klopapier von dr Rolle erfonda hend ond des sicherlich auch für dia Leut in Südafrika von Nutza wär. Des hot en aber net arg intressiert.

Mir isch no schlagartig klar worda, dass mei Mudder wahrscheins da falscha Koffer vom Band gnomma hot. Drweil han i doch extra des bunte Band romgmacht. Weil i dem arma Mischter Dongo net han zumuta wella, dass er sich in die Schlüpfer ond BHs von ra 87-jähriga Oma zwänga muass, han i schnell meim Bruadr a'grufa ond den Koffertausch organisiert.

Wissat Se, was des Schlemme isch? An Weihnachta fliegat se wieder noch Südafrika mit meim Koffer. I glaub, i mach ra a sich bewegende Leuchtschrift drauf, oder a Blaulicht, oder a elektronische A'sag: „He, i ben Dai Koffer!"

Hoiße Weihnachta

Kennat Sie Vorfreude, sich also von ganzem Herza auf ebbes freua, was im Moment no net greifbar isch? Also i kenn des guat. Mir hend em letschta Sommer onser Wohnstub ombaut. Alte Holzdecka ra- ond Fußböda rausgrissa, da alte Kachelofa entfernt ond an neua offena Kamin ei'baut. Jesas, des war a Sauerei. Do hot 's gstaubt ond laut war 's. Aber des Schlemmschte: Sämtliche Handwerker vom Elektriker über da Moler bis zum Kachelofabauer warat Sachsa. Ja Heidawetter, geit 's koine schwäbische Handwerker meh? Des Sächsisch isch jo koi Dialekt, des isch a Halskrankheit. Ond des Ganze hot nein Wocha dauert. Des war fei schlemm – dr Staub ond des Sächsisch.

Mei Frau ond i send domols ama warma Sommerobend uf dr Terass' gsessa ond hend senniert wie des amol sei wird, wemmr am Hoiliga Obend den Kaminofa zom erschta Mol a'zendat ond ons an der scheene heimeliga Wärme freiat. Obwohl 's in dene Wocha vor Weihnachta scho recht kalt war, hemmr ons die Kaminofapremiere tatsächlich für da Heilige Obend ufghoba. I ka ganz schee hart zu mir selber sei.

Bald war 's no endlich soweit. Hoilger Obend. Es hot zwar draußa 12 Grad ghet, aber des hot ons net drvo abghalta, des lang ersehnte Kaminofaeinweihungsritual abzomhalta. Da Chrischtboom han i scho am Morga gschmückt ghet. Natürlich mit echte Kerza. So a elektrischs Glomp kommt mir net an da Boom. Rondrum uf de Fenschtersemsa han i au no Teelichtle deponiert. Ond dann han i unter de erwartungsfreudige Weihnachtsglanzauga von meira geliebta Frau den Kaminofa 's erschte Mol a'zonda. Nadierlich hemmr au die Lichtla vom Chrischtboom ond dia Teelichtla auf de Simsa a'zonda. Ond dann hemmer ons gfreit an onserm neia Kaminofa ond am Chrischtboom ond an ons selbr ond überhaupt. I han extra en wunderbara Glühwein kocht. Es war a ganz bsondere warme Stimmung. In ons war die Wärme vom Heilga Obend, ondrstützt von dem Glühwein, ond om ons rom war die wunderbare Wärme vom nuia Kaminofa, vom Chrischtboom ond von de Teelichtla. Herrlich.

Als Erschtes han i mein Pullover auszoga ond d' Heizkörper radreht. Au mei Frau hot ihren Schal entfernt. Mir war 's ganz warm oms Herz. Weil des Fuierle so schee zom a'gucka war, han i oifach nomol zwoi Scheiter neikeit ond no nomol ond nomol. Ach, war des schee – warm.

I han no meine Hausschuah ond meine Socka auszoga ond mei Frau ihr Strompfhos. Zwischadurch han i mol d' Terassatür aufgmacht, damit en Schuggr frische kühle Luft en onser Weihnachtsstub kommt, han nomol zwoi Glühwein gholt ond ben wieder zu meinr Frau uf da Sofa gsessa ond han me weiter mit ihra an onserm Kaminfeuer gfreut. Mir hend no a paar Weihnachtslieder mitnander gsonga ond deshalb vorsichtshalber d' Terrassatür wieder zuagmacht. Onser Öfele hot bollert, des war a wahre Pracht. On des hot rausgäa. 's Innathermometer hot scho über femfadreißg Grad a'zoigt. Als näggschdes warat d' Hosa ibrflissg, weil ons boide a leichtes Rinnsal da Buggl natrialt isch.

A halbe Stond später semmr en dr Ondrhos ond em Ondrhemmad uf onserm Sofa gsessa ond hend ons emmer no gfreit – ond gschwitzt wia Bronnabutzr. Jo, an Heilig Obend ka 's oim schomol warm om 's Herz werda, aber so an warma Hoiliga Obend hemmr no gar nia vrlebt.

Kataschdrofa-Weihnachta

Kennat Sie des? Mr freit sich uf Weihnachta, auf Ruhe ond Frieda, Famliagemütlichkeit ond a guads Essa – ond no passiert a Kataschtrof? De letzschte Johr warat bei ons irgendwie emmer Kataschrofa-Weihnachta.

Letztscht Johr zom Beispiel: Am Tag vor Heilig Obend han i endlich Zeit gfonda an Chrischtboom zom kaufa. Des war dr teuerschte Chrischtboom, wo i je kauft han. Fuffzg Euro hot der Denger koschtet. Do schluckt a Schwob scho. Aber immerhin war 'r wonderschee – a Nordmanntanne. Den Boom han i mir auf da Skiträger uf 's Autodach gschnallt ond ben no gschwend en da Ochsa zom mit meine Johrgänger a Weihnachtsbier zom trenka. Wo i gega Mitternacht aus em Ochsa komma ben, hot me doch schier dr Schlag troffa: Mei sautuirer, scheener Chrischtboom war weg. Oifach weg, abgschnallt, gstohla. So eine Jesessauerei! Verbrecher, pietätlose! Do war Weihnachta für mi komplett versaut. Net amol meh d' Oma hot me aufheitra kenna. Dui hot zu mr gsait, i derf mir zu Weihnachta a schö 's Buch wünscha. „No schenk mr Dei Sparbuch!", han i narret zu ra gsait.

Aber dr Gipfel von derra Gschicht hot sich erscht a paar Dag später ereignet. Am Neujohrstag hend mir ons nämlich wieder mit de Johrgänger em Ochsa troffa. Ond wo i nachts aus em Ochsa komm, do – schla me 's Blechle – isch mei Chrischtboom wieder sauber a'gschnallt auf meim Skiträger glega, wie wenn nix gwäa wär. Bloß hot 'r koi oinzige Nodel meh an de Zweig ghet. A paar goldene Engelshoor send en de Äschtla ghängt ond hend Zeugnis von dem dreischta Diebstahl abglegt. Dr Chrischtbomm war also net gstohla, sondern bloß ausglieha, hot mir mei Jura studierende Tochtr erklärt. Des isch so ähnlich wie Brautenführung vor dr Trauung. Des war die erscht Katastrof.

Die zwoit hot sich am erschta Feriertag ereignet. Mei Frau isch a große Katzafreindin. Sie hot a wahnsinnig wuschelige Perserkatz mit ama wahnsinnig wuscheliga Schwanz. Dia Katz hot scho viele Preise auf Ausstellonga gwonna, weil se so schee isch. Mei Frau pflegt dia Katz fascht meh wie mi ... Aber i han au koin so buschige ... A paar Dag vor Weihnächda hot se – also mei Frau – sich nemme zom helfa gwisst, weil mr so viele kleine Obschtmückla en dr Küche ghet hend. Also hot se sich so a klebrige Fruchtfliegafalle kauft ond auf dr Arbeitsplatte aufgstellt. Dia hot natürlich zemlich schnell des Interesse von der Perserkatz' Laila gfonda. Dia isch emmr om des säuerlich-süßlich riechende Kleb-Deng romgstricha. Schließlich hat es net ausbleiba kenna, was no passiert isch: Mit ma graußa Sprong isch se auf d' Arbeitsplatte ghopft, hot an derra Fruchtfliegafalle gschmeckt ond hot sich no a'gwidert wegdreht. Dodrbei isch se aber mit em Schwanz an derra klebriga Falle hänga blieba. Des hot se so erschreckt, dass se mit derra Muggafall' am Schwanz wie von dr Tarantel gstocha durch die ganz Wohnung grast isch, bis se mei Frau hot ei'fanga kenna. Älle Versuche, dui Falle aus dem buschiga Katzaschwanz zom entferna, send kläglich gscheitert. Schließlich hemmr oi Hälfte von dem Katzaschwanz rasiera miassa.

Mei Frau isch au a große Freundin von bsonders gmüdliche Situationa. Deshalb stellt se an Weihnachta emmer viele Kerza auf – au auf dem feschtlicha Weihnachtstisch. Am Ende vom Familiafeschtmahl am ersta Weihnachtstag hopft dui Katz ema o'beachteta Moment auf da Tisch ond macht sich über Reschtle vom Weihnachtskarpfa her. Dodrbrei isch se aber mit ihrem Schwanz an oine von dene Kerza komma. Ond wusch – wia a Wonderkerz isch dui zwoide, net rasierte Hälfte nabrennt. Jetzt wird mei Frau halt a weile warta miassa, bis se wieder auf Ausstellunga ganga ka ...

Irgendwie verfolgt mi des Pech an Weihnachta. Scho en meinr Kindheit send solche Sacha passiert. I ka mi no guad dra erinnra. I han an Haufa Inschdrument glernt. Des hoißt, i han an haufa a'gfanga, aber kois recht zu Ende brocht. Emmer des Inschdrument, auf dem i grad Ondrricht g'het han, des hot me wenig intressiert, aber dia andere, wo en dr Eck' gstanda send, dodruf han i no gübt ond gspielt. I war halt scho emmer an Nonkonformischt – sehr zom Leidwesa von meine Eltra.

No han i mir a Posaun' g'wünscht. Weil mir aber nia gnuag Geld g'het hend, hot 's halt bloß für a gebrauchte Posaun' glangt. So a Inschdrument isch lackiert, damit mr des net so oft putza muass. Aber an a paar Stella war dr Lack ab. No han i mir denkt, dass i lieber die Posaune häufiger putz, als dass se so komische Flecka hot. I be halt n Äschthet. Gesagt, getan. I han en d' Badwann hoiß Wasser neiglasse, zwoi Liter Waschbenzin drzuageba ond die Posaun' neiglegt. Des Benzin hätt solla da Lack lösa. No ben i naus aus em Bad. I han nadierlich net dradenkt, dass Bezindämpfe hoch explosiv send ond die sich an der Flamme vom Durchlauferhitzer entzünda kenntat! Chemie war emmer mei schlechtescht's Fach. 's hot net lang brennt. Des Bad war z' klei ond 's Feuer hot net gnuag Luft kriagt. Aber die Verpuffung hot scho echt en kreativa Touch ghet. Denn die Schampoofläschla ond dr Alibert send zammagschmurgelt ond hend ausgsäa wia die verlaufende Uhra en dem berühmta Dali-Bild. Mir hend drnoch 's Bad komplett renoviera miassa. Hätt' i no besser en Chemie ufpasst. Aber – wenigschtens war die Posaune ablackiert. Die han i heut no! Spiela dua i au no ab ond zua, aber nemme putza!

Ob's Engel gibt?

Ja, natürlich gibt es Engel. Wir nehmen sie zwar nicht dauernd wahr, aber sie sind immer um uns. Alle möglichen Arten von Engeln achten darauf, dass der himmlische Wille verwirklicht wird, und dass unsere Erde nicht völlig im von Menschen verursachten Chaos versinkt. Der liebe Gott hat das ziemlich hierarchisch aufgebaut: Da gibt es die Engelsfürsten, mächtige Gestalten vergleichbar mit den obersten Chief Executiv Officers, also den Vorstandsvorsitzenden der Dax-notierten Firmen. Sie tragen die schönsten Pracht-Federn an den Flügeln, goldbestickte Gewänder, lichtdurchwirkte Krawatten, sind hoch dotiert, ein bisschen eitel und wissen genau was sie wollen, und vor allem was sie nicht wollen. Sie fühlen sich für alles zuständig – sind aber nicht für alles zu gebrauchen. Solche Engel fliegen allerdings nicht mehr selbst. Sie haben eigenen Wolken und eigene Himmelchauffeure. Das ist also die oberste Kategorie der Engel.

Dann kommen nach unten absteigend eine ganze Reihe von mit diversen Zuständigkeiten bestückten Engelsinstanzen, die hier aufzuführen ungefähr so spannend wäre, wie aus dem evangelisch-methodistischen Telefonbuch Remsecks aus dem Jahr 1911 vorzulesen. Natürlich gehören auch die eher nieder angesiedelten Schutzengel dazu, die ausschließlich die Aufgabe haben, auf die einzelnen Menschlein aufzupassen, Böses von Ihnen fern zu halten und dafür zur sorgen, dass die Einfaltspinsel in Menschengestalt nicht auf Bananenschalen treten, von Pferd fallen, womöglich durch herabfallende Ziegel einen Dachschaden erleiden oder auf einen Verkäufer von minusverzinsten Bausparverträgen für Hundehütten reinfallen – und dergleichen.

Die unterste Kategorie auf der Engelskarrierestufe, sozusagen die Engelsanfänger, sind eine Untergruppe der Schutzengel, die Puttos oder auch Putten. Schon der Name „Putte" ist eigentlich desavouierend und unschön. Ein T weniger und der befiederte Beschützer wäre vergleichbar mit dem auf vielen Weihnachtsfesttafeln knusprig vor sich hin dampfenden, aber gerupften Federvieh ungefähr gleicher Größe.

Obwohl: Entfernt sehen sie sich doch ein bisschen ähnlich. Schließlich sind Putten Engel, die fast nur aus Kopf und Flügeln bestehen. Das Wort Putto ist übrigens eine Entlehnung aus dem Italienischen und bedeutet Knäblein. Gerne werden Sie vom mittleren Engelsmanagement der Himmelsfirma zur Wegbegleitung von Wanderern oder Reisenden eingesetzt. So auch seinerzeit, als sich die Drei Weisen aus dem Morgenland, die heute nach mittelalterlicher Legende als die Heiligen Drei Könige bezeichnet werden und ursprünglich wohl Sterndeuter bzw. Magier waren, als also diese Sternkundigen sich auf den Weg begaben, um dem neugeborenen Heiland ihre Aufwartung zu machen und ihre Seele vom Licht und Heil des Kindes durchströmen zu lassen.

Nun waren seinerzeit die Wege denkbar schlecht und die Verkehrsleitsysteme im vorderen Orient haben durch die römische Besatzungsmacht auch keine wirklichen Fortschritte gemacht. Wie so ziemlich jede Besatzungsmacht nicht gerade zum Fortschritt eines Landes beiträgt. Dazu kommt, dass das himmlische Navigationssystem der Sterne nur bei klarer Sicht funktionierte. Mit ganzen Heerscharen von Puttos hat der Erzengel Gabriel – einer der obersten Lichtgestalten – deshalb den Weg der Drei Weisen und ihrer Begleiter bestückt. Schließlich waren sie dazu bestimmt nach den Hirten die nächsten sein, die das Christkind im Stall von Bethlehem besuchen sollten. So steht es ja schließlich in der Heiligen Schrift. Es ist wäre nicht auszudenken, wenn das schief ginge und die Weisen erst nach dem 6. Januar in Bethlehem, oder womöglich gar nicht ankämen. Das Buch der Bücher müsste mit seiner Millionenauflage neu gedruckt werden und das würde sicher zur sofortigen Entlassung in allen Engels-Managementebenen führen. Der Ankunftstermin war vom Himmelschef gesetzt und so musste die himmlische Führungsetage Sorge tragen, dass alles reibungslos klappte.

Also hat der Erzengel Gabriel an so ziemlich jeder Weggabelung eines jener barocken speckröllchenbestückten Puttos postiert, um die heilsuchenden Weisen aus dem Morgenland nur ja richtig zu leiten, wenn ihnen einmal wegen womöglich aufziehender Bewölkung der Durchblick Richtung Sternenhimmel fehlen sollte.

Und in der Tat kam es so, dass die drei Reisenden an einem regnerischen Reisetag – derer es im vorderen Orient eigentlich nur wenige gibt – nun, als die Drei vom Weg abkamen, Gefahr liefen, sich völlig in der öden Wildnis der Wüste zu verlieren.

Der Stern von Bethlehem versteckte sich hinter dicken Regenwolken. Allein das schon hätte ein Warnsignal für die vielen hundert Puttos sein müssen, die längs des Weges darauf achteten, dass den zukünftigen Heiligen nichts passierte. Aber ein kleiner Puttolehrling war von der ganzen Aufregung, die seit Tagen im Engelshimmel im Vorfeld des heiligen Events herrschte, so müde geworden, dass er es sich auf einem dürren Baum, der direkt an der Weggabelung stand, gemütlich niedersetzte und sofort auch eindöste. So geschah das Unheil und die Karawane der Weisen zog mit ihren Pferden, Elefanten und Kamelen an dem selig schlafenden Putto vorbei in die falsche Richtung. Fast hätte man die Heilige Schrift neu schreiben und das Fest der Heiligen Drei Könige am 6. Januar um eine oder zwei Wochen verschieben oder ganz ausfallen lassen müssen, wenn nicht der allmächtige Erzengel Gabriel an seinem zentralen himmlischen Überwachungsplatz den Irrweg der Heilssucher gerade noch bemerkt hätte. Und so setzte der Mächtige seit ewigen Zeiten – und wenn ein Engel von ewigen Zeiten spricht, dann ist das wirklich sehr, sehr lang her – also er setzte zum ersten Mal seit ewigen Zeiten wieder seine Schwingen in Bewegung, flog ins gelobte Land und erschien dem schlafenden Puttolehrling. Dieser erschrak ob der heftigen Windbewegung, die durch die ungeübten Erzengelsschwingen ausgelöst wurden, und stürzte rücklings von seinem Ast herab, direkt auf den dicken grauen und von mächtigen Ohren eingerahmten Kopf des elefantischen Reittiers des schwarzen Melchior.

Der Elefant erschrak, wendete um 180 Grad und trabte furchtvoll in die entgegensetzte Richtung. Die beiden anderen Weisen bemerkten es und versuchten den schwarzen Elefantenreiter einzuholen. Währenddessen erhob sich der Erzengel und scheuchte mit seinen imposanten Schwingen die Regenwolken Richtung Norden. Dadurch wurde die Sicht in den Himmel wieder frei und die sternkundigen Weisen aus dem Morgenland konnten den Stern von Bethlehem wieder sehen und merkten, dass sie nun wieder auf dem richtigen Weg waren. Das himmlische Navigationssystem funktionierte wieder.

Aber wie gesagt, der Erzengel Gabriel hatte seine Schwingen schon lange nicht mehr gebraucht und war sehr ungeübt. Die Wolken haben nämlich durch den Anschub des Erzengels einen solchen Schwung bekommen, dass sie über das Mittelmeer rasten, über Frankreich einen Sturm auslösten und sich erst über der Holland langsam beruhigten, über den Ärmelkanal flogen und über dem englischen Eiland endlich zum Stillstand kamen. So ziemlich genau über London. Und so kommt es, dass sich der Himmel in England bis zum heutigen Tag deutlich mehr und öfter bedeckt zeigt als in im Gelobten Land.

Unsere Drei Weisen sind aber gerade noch rechtzeitig in Bethlehem im Stall angekommen, wo sie dem Kindlein huldigten und Weihrauch, Myrrhe und rotes Gold als Gaben darbrachten.

Seither bezeichnen wir den 6. Januar als das Erscheinungsfest. Aber nicht etwa weil die drei Weisen beim Christkind erschienen sind – wie man meinen könnte –, sondern weil der mächtige Erzengel Gabriel dem kleinen Anfängerputto erschienen ist und sich so der Verlauf der Heilsgeschichte deutlich enger an der heiligen Schrift orientieren konnte. Aber pssst, das ist ein Geheimnis, das wissen nur Sie – denn auch unter himmlischer Führung kann mal mal was schiefgehen ...

Vincent, dr Erdafetz ond die Klausa

Wissat Sia, was en Fetz isch? Dr Vincent zom Beispiel isch an Fetz, om net zom saga an Erdafetz. An Erdafetz ondrscheidet sich vom Lompafetz dodurch, dass er net a'gschlaa isch, also net liadrig. Wenn sich also die Bezeichnung Erdafetz über oin ergießt, no schwingt emmer a bissle Anerkennong ond Ehrbezeugung, wenn net gar Bewonderong mit. An Jesesheilandsfetz hingega isch die Krönung für an Fetz. So oiner macht Sacha, die sich die, die oin so bezeichnen, nie, aber au gar niemols getraua dädat.

Was also dem Erdafetz Vincent mit seine grad mol femf Johr älles an Bleedsinn ei'fällt, des goht uf koi Kuahhaut. Obwohl, Bleedsinn isch des eigentlich bloß aus dr Sicht von Erwachsene. Aus dr Sicht vom a Femfjähriga isch des höchst kreativ ond logisch, was der kloine rauthoorige Kerle so astellt.

Dia Tapet em Flur war im oifach obacha langweilig weiß. No hot 'r 's guat gmoint, dr Vincent, ond mit em Lippastift von seinr Muadr zom Muddrdag lauter scheene raute Herzla an d' Wand gmolt. Au em Bappa sei Auto war em Vincent viel z' glatt. Deshalb hot 'r mit am Schdoi wondrbare Zickzackmuschter in die Motorhaub' gritzt.

Weil dr Ähne morgens emmer über sei kalts Gebiss, des 'r aus dem Wasserglas voll Kukidentbriah rausholt, klagt hot, hot em dr Vicent helfa wella ond hot 's kurzerhand ama scheene Morga bei 220 Grad ond Umluft em Backofa warm gmacht.

Leider isch so a Gebiss für derartige fetzamäßige Wärmebhand-
longa net ausglegt. Die oinzelne Zäh' hot dr Opa no ema ausdienta
Zigarraschächtele zom Dentischta traga miassa, damit der a nuis
Gebiss draus macht. Bis des soweit war, hot dr Ähne drei Kilo ab-
gnomma, weil 'r bloß no Obschtbreila gessa hot. Insofern hot sich
dia Aktion aus Gsondheitgsichtsponkt eigentlich rentiert. Deshalb
isch dia Frog, ob a Handlong guad oder schlecht ischt, immer a
Frog vom Standpunkt des Betrachters.

Morga isch wieder Niklausobend. Em kloina Vincent sei Aufre-
gong dät heut scho für en ganze Wefzgaschwarm langa. Guat hot
er se no in der Erinnerong, wia se letscht Johr am Vorobend vom
Niklaustag en 's Haus komma send. Von Weitem hot mr se scho
ghert, wia se mit ihre Fasnetsgoisla durch das Flecka klepft hend.
Ond no hot 's plötzlich an dr Haustür gschellt. D' Mama isch glei
gspronga ond hot en aufgmacht. Die hot jo extra 's Hoflicht brenna
lau. A geheims Zoicha, dass die Klausa en dem Haus in Dietinga
bei Rottweil erwartet werdat. Aber des hot dr kloine Vincent net
gwisst.

Dr Heilige Nikolaus persönlich isch in seim erwürdiga Bischofs-
gwand ond mit ma langa weißa Bart vor em Haus gstanda. Der
heilige Ma hot sich mächtig bücka miassa, dass 'r durch da Tür-
rahma passt hot, sonscht wär 'r mit seira Pappadecklmitra am
Türkreuz hanga blieba. Ond glei noch dem Heiliga sind die Klau-
sa komma. Sieba Kerle mit schwarze Hose, schwarze lange frisch
putze Rohrstiefel ond weiße Nachthemmedr, wo a gelbs Kreuz
draufgnäht war. Om d' Schulter hend se an Schellariema hän-
ga ghet, wia ma 's von de Fasnetsnarra im benochbarta Rottweil
kennt. Ond 's Gsicht war ganz mit weißer Farb ei'gschmiert.
Uf em Kopf hend au dia Gsella a Pappadeckelröhre ghet, dia a
Mischong aus Krone ond Mitra war. Ganz am Schluss vo dem
ehrfurchteiflößenda Zug isch no des Nussaweible trottet. Des hot
en alta schwarza Umhang a'ghet, an dem a grauße Kapuz' na-

gnieat war. 's Gsicht hot mr net gsäah, weil des Nussaweible au en Bart ghet hot wie dr Nikolaus. Weible mit Bart – des isch em Vincent glei komisch vorkomma. Er hot abr dia Kompetenz von sellem Nussaweible scho aus Eiganutz net öffentlich a'zweifla wella, denn schließlich isch bekannt, dass des Nussaweible Guatsla drbei hot ond vielleicht au sonscht no a Päckle. Ond do druf hot 'r trotz seim junga Alter spekuliert.

Dr Vincent hot jo letscht Johr no net gwisst, dass des gar net dr echte heilige Nikolaus war, sondrn oiner von de Zwanzger. Zwanzger, des warat früher dia jonge Männer, wo zom Militär hend miassa. Wia 's dr Brauch isch, machat die Zwanzger au heut no des Klausa. So will 's dr Brauch in Dietinga. Ond wo 's dr Brauch isch, legt ma d' Kuah en 's Bett.

Aber jetzt woiß 'rs, dr Erdafetz Vincent – er woiß, dass em Nochbor sei Jonas dies Johr dr Nikolaus sei wird ond dem seine Kamerade, dia sonscht mit ihre Motorrädla durch Gegend pfuzgat, die weißkittlige Klausa. Dr Vincent woiß 's, weil 's em dr Ähne vrzählt hot, wo er seine Zäh' wieder vom Dentischta kriagt hot. Scho er sei domols als jonger Kerle zom Klausa ganga ond häb de Kendr als Nikolaus ganz schee d' Levita vrlesa. Em Vrtraua hot dr Ähne em Vincent au vrzählt, dass sei Papa – also em Vincent sei Papa – seinerzeit, wo der wiederom Zwanzger gwä ischt, sellamols mit ma jesesmäßiga Rausch vom Klausa hoimkomma sei, weil se en de Häuser koi Bier, sondern die berüchtigte A'gsetzte kriagt hend. Des send selbergmachte Likör aus Schlaiha, Holder oder ällerhand anderm Gwächs aus dr Natur. Dia A'gsetzte send bappsiaß ond machat am näggschda Dag an mächtig dicka Grend. So hot em Vincent sei Bappa sellamols noch em Klausa fascht da ganze Dag em Bett bleiba miassa. Er derf 's seim Bappa aber net vrzehla, hot dr Ähne da Vincent zur Vrschwiegaheit vrpflichtet. Aber sei Vaddr sei au so a Erdefetz gwää, hat dr Ähne mit seine nuie Zäh gsait.

Em Vincent war des au egal, schließlich hot der sich vorgnomma, diesjohr koi Angscht meh von derra heiliga Brauchgruppe zom han. Er hot jo gwisst, dass des Nochbrs Jonas isch, der morga mit de Klausa als heiliger Nikolaus kommt.

En dr Nacht hot 'r net guat gschlofa, ond wenn, no hot 'r von weiße Gsichter, Goisla, Schella, Riesaschnauzer mit graue Bärt, Rasierer, Guatsla ond ma graußa Päckle träumt.

Am Morga vom Niklausobend war dr Vincent genauso ufgregt wie am Dag vorher. Oinerseits hot 'r den Obend herbeigsehnt, andererseit hot 'r au mächtig Schiss ghet – schließlich hot 'r sich em Sommer scho ebbes gleischtet, wega dem seine Eltra zemlich grätig warat. Hoffentlich woiß des dr Niklaus net, hot 'r sich denkt.

Langsam isch 's donkl worda ond em Obend zuaganga. D' Mama hot d' Stuab aufgräumt ond da Adventskranz a'zonda – also dia Kerza von dem Adventskranz ... Ond uf oimol hot mr 's klepfa höra. Scharf klepfa: Beng, beng, beng. Emmer schee em Takt. Wia an dr Fasnet, wenn se in Rottweil die Brieler Rössle durch 's Schwarze Tor treibat. Emmr näher isch des Klepfa komma, emmer lauter worde, no hot mr au die Schelleriema klingla ghört ond em Vincent isch sei Herz doch langsam, aber sicher en d' Hosatasch grutscht. Aber er hot sich vorgnomma, ganz tapfer zom sei. Sei Gedichtle, des er em Nikolaus ond seine weißgsichtige Gsella hot aufsaga wella, hot 'r beschtens glernt ghet. Do war er also auf dr sichera Seite – war halt no dia Sach vom Sommer.

Ond no hot 's an dr Tür gschellt. Tief ond tiefer isch 'r em Ledersofa vrsonka. Sei Muadr hot d' Haustür ufgmacht ond no send se reikomma. Dr Jonas ond seine Kamerada. Odr war des womeeglich doch dr richtige Nikolaus? Der war jo viel graißer als dr Jonas. Vom Gsicht hot mr net viel gesäh, wega dem weißa langa Bart. Ond so komisch gschmeckt hot der au – so gar et noch Weihrauch, eher noch Zigretta, Schuhwichse, Breedla ond Bier. Des ka niemols dr Jonas sei, hot 'r sich denkt. Au dia weißgsichtige Gsella mit ihre Glocka hend so gar nix vom Jonas seine Kamerada ghet. Ganz andersch isch 's em Vincent worda, wo sich dr Heilige ond seine Gsella samt em Nussaweible dr Graiße noch en dr Stub aufbaut hend. Riesige Gstalta waret des, die mit ihre Pappedeckel-kronamitra fascht bis an d' Decke glangt hend.

„Gelobt sei Jesus Christus", hot dr Bischof gsait ond alle Klausa, s' Nussaweible, sei Muadr, sei Vaddr, d Ähne ond er hend gantwor-tet: „In Ewigkeit, Amen!" No hot dr Heilige Nikolaus sei Sprüchle ufgsait ond am Schluss seinr Muadr die alles entscheidende Frog gstellt, ob dr Vincent au a'ständig gwääh sei?

Jetzt hot dr Vincent graußig zom Schwitza a'fanga ond sei Päckle im Geischt da Bach na ganga seha. Ganz fescht hot 'r im Stilla vor sich nabetet, dass d' Mama bloß nix drvo vrrät, wie er da Rex, ih-ren Riesaschnauzer, mit em Bappa seim Rasierer em Sommer om 's Maul rom ganz schee glatt rasiert hot, weil em sei Fressa emmer en de Barthoor hänga bleiba isch. Ond dann war jo no die Sach' mit dem Ähne seine Zäh' ...

Ruhig ond mit feschter Stemm hot d' Mama a'fanga schwätza: „'s war älles reacht!", hot Mamme gsait. Dann sei 's ja guat, hot dr Bischof gsait. Ma ka sich gar net vorstella, wie leicht 's em Vincent uf oimol worda isch. Wia en Luftballon uf em Volksfescht hot der sich plötzlich gfühlt. Frei von jedra Schuld! Oiner von de Klausa hot trotzdem no a Rute ens Wohnzimmer gschmissa: „Mr woiß jo nia!" Jetzt hot dr heilige Bartträger da Vincent aufgfordret, sei Gedichtle zom saga. Des hot au glei reibungslos klappt. Em Vincent isch 's no leichter worda. 's Nussaweible hot sich von dr Mamma en Teller geba lassa und hot fleißig Guatsla druf glert. Jetzt isch fir da Vincent dr wichtigschte Moment von dem Spektakel komma, denn 's Nussaweible hot ondr seim schwarze Umhang no a Päckle rauszoga, a Päckle fir das Vincent. Jetzt hot 'r a Strahla in seine Auga kriegt, dass dia no meh glitzgat hend als dr Kerzaschei uf am Adventskranz. Älle Angscht war zmol vrschwonda, weil des au no a bsonders grauß Päckle gwäah ischt. So hot 'r vor lauter Auspacka gar nemme mitkriagt, dass dr Ähne drweil die Klausagruppe statt noch drussa en d' Kiche gfführt hot, wo er dene Kerle jedem a Bier ond an graußa Wurschtwecka kredenzt hot. Des war dene Kerle wichtig – ond em Vincent sei Päckle. So hot 'r gar net mitkriegt, wia dr Bischof en dr Kiche sei Mitra ond sein Bart ra'zoga hot ond wieder ganz der Nochbr Jonas gwea ischt – halt bloß em Pfarrer seine alte Messgwänder.

En dr Stub hot sich dr Vincent überlegt, dass 'r näggscht Johr bestimmt koi Angscht meh von dene Klausa hot – dann isch er jo schließlich en dr Schual – ond em Rex seine Hoor send no au wieder nochgwachsa.

Weihnachtsbsuach von dr Uroma

Die Oma von meinr erschta Frau, die in Personalunion die Urgraußmuadr von meine Kender ond somit mein Schwiegeroma war, isch a alts krommgschaffts aber saumäßig knitz' Älbler Bauraweible gwäa. Schwiegeroma – gibt's den Begriff überhaupt? Isch mr eigentlich au egal. Fir mi war des oifach d' Oma. I han se glei meega, wo i 's erscht Mol zu meine werdende Schwiegerleut' auf d' Alb komma be – ond sie mi au.

„I be d' Oma" hot se zo mr gsait, wo mir ons 's erschte Mol begegnet send. Des hot me scho arg gfreit ond i han me glei so a bissle zur Familie gehörig gfühlt. Mei domols zukünftiger Schwiegervater war do gfühlsmäßig a bissle zrückhaltender. Bis zur Hauzich han i a'ständig „Sie" gsait zu ehm. I ben halt net voma Baurahaus rauskomma ond für's Saustallmischta ond Mähdrescha ha i mi net so bsonders intressiert. Bei meim Schwiegervaddr hot sich mei A'seha aber em Lauf dr Zeit bessert, wo nr gmerkt hot, dass sei Schwiegersoh' ganz andere Fähigkeita hot.

A harts Leaba voller Entbehrunga hot d' Oma hendr sich geht ond deshalb jeden Dag genossa on au no fleißig auf em Hof mitgschafft – was se halt hot kenna. Emmer isch se morgens die airschte em Stall gwäa. Sie hot alloi em Kriag da ganze Baurahof omtrieba, weil ihr Ma en Russland für den Teufel aus Braunau hot kämpfa miassa. Hochschwanger mit Zwilling em Bauch hot se mit zwoi Kiah vor em Pfluag dia stoinige ond bucklige Äckerla uf dr Alb omtrieba. Wo no ihr Ma – was a blitzgscheiter Kerle, abr gwieß koi

Bauer war – aus dr Gfangaschaft zrück komma ischt, war der irgendwie ibrig. Dia zwoi hend no au nemme recht zsammagfonda, ond er hot 's no vorzoga net so arg alt zom werda. Auf em Hof von meine Schwiegerleut hot d' Oma ema kloina, ebbes om die hondert Johr alda Ausgedinghäusle glebt. Do hots a Schlofkammer, a Kiche ond a kloine Sonndigsstub geba. Mir Jonge send noch em Essa am Sonndich emmr zur Oma en 's Stiable ghockt. Dort hot mr nämlich raucha dürfa.

Bei dr Oma em Stiable war 's emmer warm. Des isch net bloß an dem alta gusseiserna Holzofa glega, den se durch ihr o'ghemmts Schüra regelmäßig zom Glüha brocht hot. Noi, en dera Stuab war 's vor allem warm, weil d' Oma dren war ond weil d' Oma ihr Herz am rechte Fleck ghet hot. Wega dem Wüschtaklima hot mr en dera Stuab bloß mit viel Flüssigkeit wie Likörle ond Schnäpsle überleba kenna. Sie hot ihre Enkelkendr oifach meega ond ons als Partner au. Des war a bsonders Weib – oifach a ganz bsonders Weib. Sie hot äwwl gsait: „Sodde wie mi machat se heut gar nemme!" Domit isch älles gsait.

I erinnere mi no guad an die erscht' Hochzeit en dr Familie. Des war meiner Frau ihr Schweschter. Wo 's no Richtong Viere am Morga ganga ischt, hot wella mei Schwiegervaddr hoim – ond d' Oma mitnemma. Do hot 'r sich aber gschnitta ghet, denn d' Oma, des war so a richtige Feschtsau. Wenn do Aldanachmittag war, no hot sie mit ihre Witz' a ganz Feschtzelt ondrhalda kenna. Ond an sellem Morga, wo dia Hochzeit so langsam em End zuaganga ischt ond älle Männer ihre Jackets ond Krawatta abglegt hend, dodrfier aber entspannte bis entgleiste Gesichtszüg aufglegt hend, ischt d' Oma em Kreis von de ganze Jonge ghockt ond hot oin Witz noch em andera vrzehlt ond drbei au so manches Bierle zwitschert. Oiner von Ihre Lieblingswitz war der vom Alda Frollein, wo em Sterba gleaga isch: „Do isch dr Pfarrer komma ond hot se gfrogt, ob se net no an letschta Wunsch häb? „Jo", hot se gsait, sie mecht gern no oimol gherzt ond druckt werda, bevor se goht – ond des wär ra glatt 100 Euro wert. Ond mr muass wissa, dass des alde Froilein sehr sparsam glebt hot. Dr Pfarrer hot denkt „Des ka i net selber do!" No isch 'r uf d' Stroß ond do isch grad dr Schmied vorbeiglaufa. „He Schmied, do drenna leit des alte Froilein em Sterba ond dia mecht gern no oimol gherzt ond druckt werda, bevor se goht. 100 Euro dät se drfier ausgeba. Der hot denkt: „Do ka i lang Ambossklopfa für 100,- Euro!", ond isch nei zom alda Froilein. Am näggschda Dag isch dr Pfarrer komma ond hot wella noch dem alda Froilein gucka. Wia 'r nei kommt ens Haus, leit dr Schmied alloi em Bett! „Ja Schmied, sag au, was isch los? Wo isch 's alde Froilein?" Dodruf dr Schmied: „Die isch uf d' Bank ond holt nomol 500,- Euro!"

Irgendwann hot mei Schwiegervaddr se no soweit brocht, dass se doch mit hoim isch. Obwohl se erscht am Femfe ens Bett komma isch, war se om halb siebane scho wieder em Stall – wia emmer halt. Noch derra Arbet isch se aber dapfr wieder nagleaga. Wo i mi noch em Mittagessa erschtaunt g'äußert han, dass se tatsächlich ihr Sach em Stall gmacht hot, hot se bloß gsait: „Ha freile, abr a herbs Gschmäckle han i scho em Maul ghet!"

No hend älle gheiratet ond nochanander Kender kriagt. Trotzdem hot mr an dem Brauch feschtghalta, dass älle – ond des warat 12 Erwachsene ond 12 Kendr – am erschta Feierdag zo meine Schwiegereltern uf d' Alb gfahra send. Des war nadierlich a mittleres Volksfescht ond die Besinnlichkeit isch a bissle uf dr Strecke blieba.

Da Heiliga Obend aber hend meine Schwiegerleut jedes Johr bei ma andera von ihre sechs Kendr gfeirat. No warat mir au mol dra – ond i han druf bestanda, dass d' Oma mitkommt zu ons. Des war a gmiatlicher ond recht luschtiger Hoiliger Obend. Irgendwann send nochenandr meine Kendr, meine Schwiegerleut ond mei Frau en 's Bett ganga. Übrigblieba send die Harte – d' Oma ond i.

Mir hend scho ganz guad bechert ghet, wo i d' Oma gfrogt han, ob se no a Likörle mag. Dodrzua han i mei Bar ufgmacht ond ihr stolz vorgführt, was i so zom bieta han. Die schönst' Flasch isch a Sherry-Karaff' gwäa. Do hot se sich a Gläsle drvo eischenka lassa, ond mir hend ons guat onderhalta. Noch em femfta Gläsle Sherry hot se gsait: „Komm, des Stümple herrat mr vollends". Dodrzua muaß mr wissa, dass des a Rundkolbaflasch war, wo em Bauch no mindeschtens en dreiviertel Liter Sherry dren war. Des han i ra no au gsait. No hot se bloß gmoint: „Glaubsch, di daulets!" Für die Nicht-Schwaben: „Es ist dir wohl zu schade für mich!" I han bloß glacht, dr Oma dapfr weiter eigschenkt ond mir boide hend dia feuchtfröhlichschte Hoilige Nacht mitnander verbrocht dia mr sich bloß hot vorstella kenna. Irgendwann han i no zu ra gsait. „Komm Oma, i breng de nuff en Dei Zemmer!" „Awa", hot se gmoint, sie kennt doch do uf am Sofa schlofa. Des wär doch viel praktischer. I soll ra bloß a Glas Wasser brenga, damit ihre Zäh' au em sprudelnda Kukidentbad ibrnachta kennat. Des han i no doa ond ben selbr en 's Bett.

Von sellem Bsuach von dr Schwiegeroma semmr drei Sacha blieba: Erschtens an dicker Kopf am erschta Feirtag, zwoitens an en da Lack von meim Wohnzimmertisch geätzter Kreis rundrom wo des Kukidentgläsle mit dr Oma ihrem Gebiss gstanda ischt ond dapfer rausgsprudelt hot – ond drittens dia Erkenntnis, dass mr jede scheene Stond nütza muaß, wenn se do ischt. 's ka so schnell vorbei sei.

Ond genau des isch mr en Sinn komma, wo d' Oma zwoi Johr später mit 88zge friedlich im Kreis von der Familie ei' gschlofa ischt, ond wo i se nomol en dr Aussegnungshalle agguckt an. Ganz friedlich isch se do gleaga en ihrem scheenschta Kloid – aber scho au a bissle knitz. Es hät mi daulet, wenn i den Sherry in seller Hoiliga Nacht net mit ra wegbutzt hätt.

Weihnachtsfruscht

Hend Se scheene Weihnachda ghet? Also i edd. Es hot scho domit a'gfanga, dass mir en Plieninga en d' Kirch hend wella, die aber wega Inna-Renovicrong gschlossa war. No semmr hald emma andera namhafta Flecka uf de Fildra en d' Kirch ganga. Des wär eigentlich au nett gwää. Bloß hot mi irgendwann amol d' Blos druckt. No ben i en dr Sakrischdei uf 's Klo ganga. Ond wo i erleichtert wieder dem Chrischdveschbr han beiwohna wella, ben i nemme aus dem Klo rauskomma, weil dr Mesmer entzwischa den Skrischdei-Anbau abgschlossa hot. Von Ferne han i no d' Kantorei jubiliera höra. Des war vielleicht en besinnlicher Hoiliger Obend, weil mir koi Mensch in meiner Andacht gstört hot. Noch em Gottesdienscht hot mr mi no wieder rausglassa, aber wahrscheinlich bloß deshalb, weil dr Mesmer selber zom Biesla hot miassa. Dr Rescht vom Obend war no aber so richtig schee. Nadierlich hot dr Ranza vom reichlicha Essa so druckt, dass i dia halb Nacht net han schlofa kenna. Am näggschda Dag semmr no zu meine Schwiegrleut uf d' Alb gfahra, wie sich des bei ons ghert. Ond weil 's recht eisig war, hot d' Oma em Kamin a gmiatlichs Feuerle gmacht, solang mir en dr Kälte mit em Opa spaziera ganga send. Wo mr zrück komma send ond dr Opa des Feuer em Ofa gsääh hot, hot en am hoiliga Chrischttag schier dr Schlag troffa. Er hot nämlich die Umschläg mit dem Weihnachtsgeschenkgeld für seine zwölf Enkel em Ofa versteckt ghet. Des wäre jo älles net so schlemm gewää, aber die weihnachtliche Offenbarung meiner Dochtr, se häb jetzt en Freind, der aus em Badischa stammt, des hot mr vollends Weihnachda versaut ...

Schwäbische Weihnachtsliadr

S uevia non cantat – Schwaben singen nicht. Welcher alte Römer auch immer diesen Spruch in dies Welt gesetzt hat, er stimmt definitiv nicht. Schließlich sind die ersten Gesangvereine im Ländle Silchers gegründet worden und noch heute gibt es nirgendwo mehr Gesangvereine als hier.

Dennoch sind die alten deutschen Advents- und Weihnachtslieder im Verschwinden begriffen. Überall dudelt es von „White Chrismas" bis „Rudolph the red nosed Reindeer". Und selbst die Kinder lernen in Kindergarten und Schule kaum noch die wundervollen alten Lieder in der Muttersprache.

Aber es gibt sie noch, die ganz alten Lieder, die hierzulande aus Tradition gesungen wurden und fast in Vergessenheit geraten sind. Weihnachtslieder im Dialekt sind sehr selten, denn immer wenn der Schwabe ernst wird – und darum handelt es sich ja bei Christi Geburt –, singt er in der Schriftsprache. So muss man teilweise auf den Liederschatz schwäbischer Auswanderer zurückgreifen, die mit den „Schwabenzügen" Anfang des 18. Jahrhunderts nach Ungarn und Rumänien ausgewandert sind. In Sathmar, im Banat und in der Batschka fand man noch besondere schwäbische Weihnachtslieder.

Singen Sie doch selbst mal wieder, das ist gesund und macht fröhlich!

Es hat sich halt eröffnet

Es hat sich halt er-öff-net das himm-li-sche Tor. Die
En-ge-la, die ku-ge-let ganz hau-fa-weis her-vor. Die
Bu-be-la, die Ma-de-la, die schla-get Pu-tzi-ga-ge-la. Bald
rauf und bald run-ter, bald hin und bald her, bald
ü-ber-sche, bald a-ber-sche, des freut sie al-le sehr.

2. Die Engela im Himmel, die hent 's jo gar net schwer,
die hent so kleine Flügela ond flieget hin ond her.
Die Bubela ...

3. Die Engela im Himmel, die singet wunderschön,
dass Sonne, Mond ond Sternla verwundert stille stehn.
Die Bubela ...

4. Drum halten wir fein stille und sagen kein Wort,
sonst laufet uns die Engele glei' alle wieder fort,
Die Bubela ...

5. Kommt eine arme Seele wohl vor die Himmelstür,
do springet glei die Engela ganz haufaweis zu ihr.
Die Bubela ... ond glei siehst gar keins mehr.

Das Lied ist in Schwaben und Tirol in ähnlichen Fassungen überliefert.
Aus: Gustav Wirsching, Schwäbisches Liederbuch

Allhier um Mitternacht

All - hier um Mit-ter-nacht, ihr Hir - ten be -
tracht't, in Lüf - ten tut schwin - gen, das
Glo - ri - a sin - gen, die Eng - li - sche -
Schaar, ge - bo - ren Gott war.

2. Die Hirten im Feld verließen ihr Zelt,
sie können nicht schnaufen, vor Rennen und Laufen,
der Hirt und sei Bua, dem Krippelein zu.

3. O dass Gott wallt, wie ist es so kalt,
möchte einer verfrieren, das Leben verlieren,
so kalt geht der Wind, mich dauert das Kind.

Heiligabendlied aus Wangen im Allgäu, Archiv des SDR, 1957.

Ihr Hirta gebet Acht

Ihr Hir - ta ge - bet Acht, was isch heut Mit - ter -
nacht? Im Him - mel tu - ets kling - a und
Glo - ri - a sing - a die Eng - li - sche
Schar: Ge - bo - ren Gott war.

2. Ach Gott erbarm! Die Muetter isch arm!
Sie hot ja kui Pfännle zum Koche deam Kindle,
Kui Meahl und kui Salz, kui Brot und kui Schmalz!

3. Wie bloset dear Wind, wie zittret des Kind!
's muess beinah verfriere und 's Leabe verliere.
Wie bloset dar Wind, wie zittret des Kind!

4. Ihr Hirta, standet auf, wir gehen nach Haus!
Mir laufet und wollet deam Kindle was hole.
Kommt alle dohear, und kuiner net leer!

Aus: Hugo Moser, Alte schwäbische Lieder aus Sathmar

81

Christkindles Wiegenlied

Schlaf wohl du Himm-els Kna - be du! Schlaf
wohl o sü - ßes Kind! Dich fä - cheln Eng-ge-
lein - in Ruh' mit sanf - tem Him - mels-
wind. Wir ar - me Hir-ten sin - gen dir ein
her-zigs Wie-gen - lied - chen für. Schla - fe
Schla - fe Him - mels Söhn - chen Schla - fe!

2. Maria hat mit Mutterblick dich leise zugedeckt
und Joseph hält den Hauch zurück, daß er dich nicht erweckt.
Die Schäflein, die im Stalle sind,
verstummen vor dem Himmelskind.
Schlafe, schlafe, Himmelssöhnchen schlafe!

3. Bald wirst du groß, dann fließt dein Blut von Golgatha herab;
ans Kreuz schlägt dich der Menschen Wut,
dann legt man dich ins Grab.
Hab' immer deine Äuglein zu, denn du bedarfst der süßen Ruh'.
Schlafe, schlafe, Himmelssöhnchen schlafe!

In der Christmette wird die Kirche ganz abgedunkelt und die ganze Gemeinde singt dieses wunderschöne Lied aus voller Brust.

Heiligabendlied aus Dormettingen/Zollernalbkreis.
Aufgezeichnet von Wulf Wager

83

Jetzt isch halt me die Klöpfleszeit

Jetzt isch halt me die Klöpf-les-zeit, drum ma-chet mir uns
mir zie-het durch die frei - e Welt und klop-fet flei-ßig
dra;   Mir blei - bet   it   vor dr Dü - re schtong, mir
a.
trau - et uns ins Haus zum gong, ins Haus, ins   Haus.

2. Gott grieß eich, Herr und Frau im Haus, mir saget eich was vor,
es isch jetzt gar it lang mehr aus, es schtoht scho vor dem Tor
|: die liebe, guete Weihnachtszeit, wo Himmel sich und Erde frait,
ja frait, ja frait. :|

3. Des Jesuskind, des wird jetzt bald im Kripple wieder sei,
es friert, es isch ihm viel zue kalt, drum wärmt es fleißig ei.
|: Bringt ihm e Herz voll Lebensgluet, damit es nimmeh friere
duet, bringt Gluet, bringt Gluet. :|

An den Donnerstagen vor Weihnachten zogen bzw. ziehen die Kinder auf der Schwäbischen Alb und im Allgäu, aber auch in Bayern von Haus zu Haus, klopfen an die Türen und heischen mit diesem Lied Süßigkeiten.

Aus dem Allgäu, Quelle: Berthold Büchele, Schwäbisch g'sunge, Ratzenried 2000

Jesulein süß

Je - su-lein süß, mi friert's an de Füeß, mi
friert's an de Händ, - so kähl goht der Wind. O
gand mir doch gschwind zum gött - li - cha Kind!

2. 's Kindle so kloi, wia isch es alloi!
Es leit in koir Wiege und sott ebbas kriege.
O gand mir doch gschwind und bringet 's em Kind.

3. Vater, schau, schau, was findat miar dau:
A wonderscheas Kendla in schneeweiße Wendla.
O kniaglat doch na und beatat's Kind a!

4. A Ranka Broat gheart für de greascht Not
und a Schepper Woll, dear 's Kend gwärma soll,
a klois Scheifle au für onsr liaba Frau.

Aus Schwaben, Quelle: Niederwieser/Schwaiger „Das schwäbische Bauernjahr".
2. Str.: Otmar Wirth, 3. u. 4. Str.: Hermann Sandtner

Der Hirt in dem Felde

Der Hirt in dem Fel-de ver-las-set die
Weid, den Völ-kern der Er-de ver-kün-det die
Freud! Was im-mer nur le-bet in Was-ser, in
Luft, sich jauchzend er-hebet, der Schöpfer ihn ruft.

2. Seht, dort in der Krippe, da liegt er ganz bloß, zwar klein wie ein Kindlein, und ist doch so groß! Aus Liebe verläßt er den himmlischen Saal, die Menschen retten, begibt sich in Stall.

3. Er will uns beglücken, er will uns befrei'n, ja unser Erlöser, Er-retter auch sein. Er zeigt sich zwar jetzt noch so klein und so arm, doch liebt er uns groß und ganz väterlich warm.

4. Nun singt mit den Engeln, nun singet vor Freud: „Gott sei in der Höhe die Ehre anheut! Auf Erden sei Friede den Menschen zuteil, Gott ist uns're Liebe, Gott ist unser Heil!"

Aus Wangen im Allgäu, Quelle: Berthold Büchele, Vom Klosetag bis Wihnächte, Ratzenried 1996

Steht auf und erwachet

Steht auf und er - wa-chet, ihr Hir - ten ge - schwind, steht auf und lauft ei - lend zum gött - li - chen Kind! Dort, wo ihr hin - ge - het, die Höh - le ihr se - het, dort liegt es im Stall, geht, lau - fet nur all!

2. Dort könnt ihr es finden, das Kind auf dem Heu,
nebst Josef Maria, die Mutter, dabei,
als Kindlein uns allen im Stall zu gefallen;
und nebst bei dem Kind der Esel, das Rind.

3. Und betet dort selbsten und lobet's aufs Höchst,
bestaunet, beschauet und glaubet nur fest,
denn dies ist der König, dem wir untertänig
auf ewig soll'n sein in Liebe allein.

Aus Wangen im Allgäu,
Quelle: Berthold Büchele, Vom Klosetag bis Wihnächte, Ratzenried 1996

Lebendige Weihnachtsbräuch'
im Ländle

KLÖPFLESNÄCHTE >>

ÄPFEL RAUS OND BIRA RAUS

Vor Weihnachten setzte die Kirche wie an Ostern auch eine vierzigtägige Fastenzeit zur Besinnung auf die Ankunft des Heilands. Daher auch der Name Advent, denn der bedeutet Ankunft. Diese Fastenzeit begann am 11.11., dem Martinstag. Kein Fleisch, keine Wurst, keine Milch, kein Butter, kein Käse. Dafür Fasten und Beten. Es war eine entbehrungsreiche Zeit, vor allem für die Kinder.

So nimmt es nicht Wunder, dass gerade in dieser Zeit etliche Bräuche etabliert sind, die den Kindern süße Leckereien bescherte. In den evangelischen Gegenden ging in dieser Zeit eine besondere Figur um, der **Pelzmärte**, also der Pelzmartin, der den Kindern kettenrasselnd Respekt einflößte und sie dann doch mit Äpfeln, Nüssen und Süßem bescherte. Vor allem im Hohenlohischen war der einst anzutreffen. Heute gibt es ihn leider nicht mehr.

Dass das Christkind Geschenke bringt, hat sich Martin Luther einfallen lassen. Er wollte damit den Kult um den **heiligen Nikolaus** zu Fall bringen. Aber das konnte er, weiß Gott, nicht verhindern, denn in vielen Dörfern und Gemeinden Badens und

Württembergs geht noch heute am Vorabend des Nikolaustages der heilige Nikolaus als Bischof durch die Stuben, um als höchste moralische Instanz die Kinder zu rügen und zu belohnen. Damit ihm mehr Respekt entgegengebracht wird, hat er oft eine ganze Heerschar ungemütlicher Gesellen dabei, die als laut lärmende Schwarze beispielsweise im Kinzigtal oder als peitschenschwingende Kläuse in der Gegend um Rottweil den Kindern gehörigen Respekt einflößen.

In Oberschwaben, im bayerischen Schwaben und auf der Schwäbischen Alb ziehen die Kinder selbst an den Donnerstagen im Advent in den frühen Morgenstunden und an den Abenden von Haus zu Haus, um Gaben zu betteln. Das konnte Gott sei Dank auch der Wohlstand unserer Zeit nicht verhindern. Schon 1426 ist dieser Brauch belegt. Es sind die **Klöpflestage** oder Klopfernächte, die den Kindern allerhand Süßes bescheren. Mit einem Sack Linsen bewaffnet ziehen sie von Haus zu Haus und werfen jeweils ein paar Linsen an die Fenster. Anderswo haben sie einen langen Stab dabei, mit dem an die Fenster geklopft wird. Wenn dann die Bewohner die Tür öffnen rufen Sie laut:

A'klopfa Hämmerle,
's Brot leit em Kämmerle
's Messer leit drneaba,
willsch mr a Stück geba.
Äpfel raus ond Birna raus,
no gang mr wieder en a anders Haus.

Zeigen sich die Hausleute großzügig, danken es die Kinder, indem sie einen Segen sprechen:

Der Herr isch schön,
der Herr isch schön,
die Frau isch wia an Engel

Apfelschnitz, Birnenschnitz, Hutzelbrot und Springerle, manch-
mal auch Schokolade oder ein bisschen Geld, sind die Gaben, die
brüderlich unter den Klöpfleskindern geteilt werden. Aber wehe,
die Hausleute geben nichts, dann kommt die Drohung:

Äpfel raus ond Birna raus,
oder i lass dr Marder ens Hühnerhaus.

Oder:

Holla holla, Klopfa raus,
oder mir schlagat a Loch ens Haus.

Meist geht es jedoch friedlich zu und die Kinder singen Ihr Klöpf-
leslied: siehe Seite 84.

BARBARA >>

BLÜHENDE OBSTBAUMZWEIGE ZU WEIHNACHTEN

Eine Bauernregel besagt: „Knospen an Sankt Barbara, sind zum Christfest Blüten da." Für das Blütenwunder zu Weihnachten sollte man am 4. Dezember – dem Barbaratag – Zweige von Holunder, Forsythie, Haselnuss oder Obstbäumen schneiden. Blühen diese zu Weihnachten, sei dies ein gutes Zeichen für die Zukunft. Man kann dem Glück noch etwas nachhelfen. Haben die Zweige noch keinen Frost erlebt, kommen sie für einige Stunden in den Tiefkühler, um anschließend eine Nacht im warmen Wasser zu verbringen. Anschließend die Stiele schräg anschneiden oder mit dem Hammer weich klopfen, in eine Vase stellen und die Zweige, jeder steht für ein Familienmitglied, weihnachtlich schmücken. Das Wasser regelmäßig wechseln. Wessen Zweig die meisten Blüten trägt, der ist ein Glückspilz.

NIKOLAUS >>

NUR ECHT MIT MITRA UND STAB

Allerorten treibt der rot-weiße Coca-Cola-Weihnachtsmann sein Unwesen. Aber es gibt noch Dörfer und Städte im Land, in denen in den Tagen vor dem Nikolaustag oder am Heiligen Abend würde- und prachtvolle Bischofs-Nikoläuse, archaische raue Schandaklose, wilde Ruhpelze, geheimnisvolle Klausenbigger und strohumwickelte Pelzmärtle neben dem sanftmütigen, weiß gewandeten Chrischtkendle durch die Häuser ziehen.

Über Jahrhunderte hinweg gab es kaum einen populäreren Heiligen als **Sankt Nikolaus**. In der Nikolausfigur, der so, wie er heute dargestellt wird, nie existiert hat, vereinigen sich mehrere historische Personen. So der im 4. Jahrhundert wirkende Bischof von Myra in Lykien (in der heutigen Türkei) und der gleichnamige Abt von Sion, der 564 ebenfalls in Lykien starb. Aus beiden scheint sich wohl der Volksglaube die dominante Heiligengestalt geformt zu haben. Mehrere Legenden sind das Fundament für seine Popularität: Drei zerstückelte Kinder soll er wieder zum Leben erweckt, einen Seesturm besänftigt, drei unschuldig  Verurteilte freigesetzt und als Mildtäter armen Jungfrauen durch die Schenkung von goldenen Bällen zu einer standesgemäßen Mitgift verholfen haben. Die Jungfrauenlegende war es schließlich, die die vielgestaltige Brauchfigur des Nikolaus zum Schenkenden machte.

Der heilige Nikolaus mit der typischen Mitra und dem Bischofsstab ist es auch, der als zentrale Figur viele adventliche Bräuche in den katholischen Gegenden Südwestdeutschlands dominiert. Doch selten kommt er alleine. In seinem Gefolge gibt es immer mindestens einen wilden Gesellen. Als **Knecht Ruprecht** kennt man ihn weitläufig. Sein Name leitet sich von „Rauhpercht" ab. Das steht im engen Kontext zu den wilden, maskierten Gestalten, die in den Alpenländern vor allem in der Zeit zwischen den Jahren und am Dreikönigstag auftreten. „Rauh" leitet sich vermutlich vom gleichen „Rauch" ab, das im Wort „Rauchwaren" (Pelze) zu finden ist. Pelzbehangen sind denn auch die meisten dieser teufelsartigen „Negativfiguren", die ganz als Gegenpol zur positiv besetzten Rolle des Nikolaus zu verstehen sind.

FEUER UND FLAMME FÜR DEN NIKOLAUS

Am Vorabend des Nikolaustages wird in Hirrlingen bei Tübingen außerhalb des Dorfes an einem Hang ein großes Feuer aufgeschichtet. Mit dem Abendläuten wird es angezündet und viele Dorfbewohner pilgern mit ihren Kindern zu dem imposanten Scheiterhaufen. Die Kinder haben von Kerzen beleuchtete Laternen dabei oder „Harzkacheln", das sind selbst gemachte Fackeln, die sie brennend um sich selbst schwingen. Alle erwarten die Ankunft des Nikolauses, der schließlich im vollen goldglänzenden Bischofsornat aus dem Wald kommt. Ihn begleitet ein finsterer Geselle – Knecht Ruprecht. Vor dem Feuer spricht der Nikolaus zu den Kindern. Anschließend besucht er mit dem Ruprecht einige Häuser, in die er vorher geladen wurde. Im Anschluss an das Niklausfeuer trifft man sich in geselliger Runde in den Gasthäusern, um Hefeteig-Gebildbrote, sogenannte Hanselmanne, auszuwürfeln.

DIE SCHWARZEN UND DER WEISSE

Rund 100 Kilometer von Hirrlingen entfernt, im Kinzigtal trifft man an drei Abenden, vom 3. bis 5. Dezember, auf Nikolausgruppen, die durch Steinach, Haslach und andere Orte im Kinzigtal ziehen. Zu der Steinacher Gruppe gehören der **heilige Nikolaus** als Bischof mit Mitra und Stab, der **Santiklaus**, der sich nur dadurch vom Nikolaus unterscheidet, dass er ein Rutenbündel in der Hand und eine Krätze auf dem Rücken trägt, in dem einige Haselnussruten deponiert sind. Des Weiteren gehören der **Ruhpelz** und der **Klausenbigger** zur Gruppe.

In banger Erwartung sitzen die Kinder um den Stubentisch, ihre Hände umklammern die Klausenhölzle, in die sie die Zahl ihrer Gebete und guten Taten eingeritzt haben. Anhand dieser Kerbhölzer kann der heilige Erzieher sehen, wie brav die Kinder gebetet und wie viel Mühe sie sich gegeben haben, den Eltern zu gehorchen. Gleichwohl winken der Santiklaus und der Ruhpelz mit der Rute. Und jetzt klopft auch noch der Klausenbigger, eine pferdeartige Figur, mit seinem langen Schnabel an das Stubenfenster.

Da sinkt auch dem kecksten Buben das Herz in die Hose. Doch Sankt Nikolaus erhebt segnend seine Hand, und das unheimliche Gespenst verschwindet. Nun schlägt der Nikolaus sein großes Buch auf, in dem alle Missetaten, jeder Ungehorsam, jede Lüge aufgezeichnet ist. Er verlangt mit Handschlag Besserung.

Manchmal fällt auch ein Streich mit der Rute des Ruhpelz über den Rücken eines allzu unartigen Buben oder Sankt Nikolaus droht mit der Mitnahme, wenn eines der Kinder gar nicht folgen will. Zur Abschreckung baumeln ein paar Kinderbeine am Tragekorb des Santiklaus, der am Ende des Besuchs vorsichtshalber noch eine Rute im Haus lässt.

Nur ein wenig entfernt, in Unterentersbach, geht es wild zur Sache. Der weißbärtige und weiß geschminkte heilige Nikolaus hat große Mühe, die wilde Bande der Schwarzen im Zaum zu halten. Das sind junge Burschen, ganz in Schwarz gekleidet, die sich die Gesichter mit Fett und Ruß teuflisch gefärbt haben.

Um den Leib tragen sie Ketten und in der schwarz behandschuhten Hand sind sie mit einem Rutenbündel bewaffnet. Auch der **Biggesel**, ein tierisches Zwitterwesen, halb Vogel, halb Pferd, begleitet die Gruppe und verschafft sich als Erster Zutritt in die Stuben, wo er die Kinder mächtig einschüchtert, bevor die Schwarzen dem Treiben Einhalt gebieten und sich der imposante Sankt Nikolaus Gehör verschafft. Aus einem großen Buch liest er die Fehltaten der anwesenden Kinder vor. Nach dem Abschluss dieser Rügenfolge tritt der Ruhpelz in Aktion und wirft aus einem großen Sack Äpfel, Nüsse und kleine Geschenke auf den Fußboden.

Am Schluss jedoch wirft auch er noch eine Rute in den Raum. Währenddessen vergnügen sich die Schwarzen in der Küche mit dem einen oder anderen Schwarzwälder Schnäpsle, der so genannten Eselstränke. An diesem Abend lässt man sich in Unterentersbach besser nicht auf der Straße sehen, denn manch einer (oder eine) wurden von den Schwarzen schon in Ketten gelegt oder gar bei Temperaturen um den Gefrierpunkt in den Dorfbach geworfen.

WO DAS NUSSAWEIBLE EIN MANN IST

In Dietingen unweit Rottweil macht Peitschenknallen, „Geißelklepfen", auf den weit zahmeren Umgang der **Kläuse** aufmerksam. Die Kläuse sind in weiße Chorhemden gewandete, mit Schellen behangene, mit hohen Schaftstiefeln und einer mitrenartigen Pappkrone ausgestattete Zwanzigjährige, die sich ihr Gesicht weiß geschminkt haben. Sie begleiten den heiligen Nikolaus in der üblichen Bischofstracht und das **Nusseweible**, eine ruprechtartige Figur mit einem langen Flachsbart, die, wie alle anderen Figuren auch, von einem zwanzigjährigen Mann dargestellt wird.

Am Arm trägt es einen Korb, der mit allerhand Leckereien und Süßigkeiten gefüllt ist. Wer von den Kläusen besucht werden will, lässt einfach das Außenlicht brennen. Mit den Worten „Gelobt sei Jesus Christus" betreten der Nikolaus und die Kläuse die Stube. Die Anwesenden antworten: „In Ewigkeit, Amen." Das Ritual, das sich in den Wohnstuben der Dietinger vollzieht, ist das übliche Kritik-Lob-Wechselspiel mit anschließender Bescherung. Übrigens, die Mädchen sind bei all diesen Bräuchen ausgeschlossen. Sie dürfen lediglich dafür sorgen, dass das Nusseweible immer über einen mit allerhand Weihnachtsgebäck gefüllten Korb verfügt. (siehe auch: „Vincent, dr Erdafetz ond die Klausa, Seite 61)

DER KLOAS GEHT UM

Für die Jugendlichen ist das Umführen des **Kloas** in der Nordschwarzwälder Gemeinde Ebershardt ein besonderer Freudentag. Beim Heischeumgang sammeln sie Geld und Süßigkeiten und auch für die Jüngeren gibt es schon mal ein Bier. Früh am Tag richten sie langes Stroh her, um einen ihrer Kameraden einzubinden. Am späten Nachmittag beginnt dann der Umzug durchs Dorf. Die Konfirmanden sind hier für den Brauch verantwortlich. Mit wildem „Heio, heio, heio"-Gebrüll ziehen sie lärmend durch den Ort.

Auch im nahen Walddorf, das zu Altensteig gehört, wird dieser Brauch noch gepflegt. Der **Walddorfer Kloas** ist fast schon für das Guinness-Buch der Rekorde geeignet. Über vier Meter hoch ist der Kloas, der von zwei kräftigen jungen Männern geführt wird. Dem Kloas folgt im wahrsten Sinne des Wortes ein Einpeitscher, ein Junge, der immer wieder herzhaft mit einer Peitsche knallt und die nachfolgenden Kinder zu infernalischem Gebrüll animiert. „Der Kloas, der Kloas, der Kloas ...", so skandiert die wilde Meute und zieht durch das Dorf, ehe der Klaos ausgewickelt und das Stroh in einem Feuer auf einer Anhöhe verbrannt wird. Die kleineren Kinder sind da längst schon zu

Hause, die jungen Erwachsenen gönnen sich noch das eine oder andere Bier.

WEIHNACHTEN >>

Zum ersten Mal taucht der Begriff „Weihnachten" 1170 auf. „Ze wihen nahten" heißt es in der Predigtsammlung „Speculum ecclesiae". Christen und Nichtchristen feiern Weihnachten heute meist als Familienfest mit gegenseitigem Beschenken; dieser Brauch wurde seit 1535 von Martin Luther als Alternative zur bisherigen Geschenksitte am Nikolaustag propagiert, um so das Interesse der Kinder auf Christus anstelle der Heiligenverehrung zu lenken.

Der Heilige Abend und die Weihnachtsfeiertage sind Tage, die der Familie vorbehalten sind. Es sind aber auch die Tage, an denen teils archaische maskierte Figuren durch die Häuser des Landes ziehen und die Kinder bescheren, bestrafen oder selbst Gaben heischen. Das lutherische Christkindle tritt hier selbst in persona auf den Plan.

IM NACHTHEMD
DEN WEG FÜRSS CHRISTKIND BEREITEN

Drei Wochen später, am Heiligen Abend: In einigen Dörfern Hohenlohes, in Ilshofen, Oberaspach, Wolpertshausen, Hohenberg und anderswo, gehen ab der Abenddämmerung die **Rollesel** oder **Rollebuawe** um. Sie drehen ihre Runde, um den Weg für das Christkind freizumachen. Dabei gehen sie von Tür zu Tür, bekommen fast überall Süßigkeiten und auch Geld. Die Verkleidungen unterscheiden sich von Ort zu Ort, sind aber alle ähnlich wie die der Dietinger Kläuse. In Oberaspach werden etwa ein Meter hohe, kegelförmige Hüte sowie schwarze Ledermasken mit Bärten aus

Hanf getragen. Am Ende der Hüte sind Pompons aus zerschnittenen Schulheften befestigt. In Ilshofen wird das Gesicht mit Ruß geschwärzt. Fast überall ist ein weißes Nachthemd, das bis über die Knie geht, obligatorisch. Wichtigstes Requisit der Rollesel ist jedoch der über die Schulter geschnallte Rollriemen – daher der Name – mit unterschiedlich großen Glocken oder Schellen, sogenannten Rollen. Ein Wurzelstock in der Hand vervollständigt die Maskerade. „D' Rolleisl kumma", sagen die Einheimischen, „etz isch Weihnachda." Ausschau halten die dunklen Gestalten aber auch nach jungen Mädchen. Besonders die frechen haben sie dabei im Visier, die „entführt" und zwei Häuser weiter wieder freigelassen werden. Mitmachen dürfen die Buben nur bis zur Konfirmation. Dann ist es mit dem Rollenspiel vorbei. Früher bedeutete das auch den endgültigen Abschied von der Kindheit.

DIE ENTLASSSCHÜLER SIND ALLE CHRISCHTKENDLE

Wieder zurück im württembergischen Kerngebiet. In Streichen, das zu Balingen gehört, gehen am Heiligen Abend ganz ähnliche Figuren durch den Ort. Die Attribute der **Chrischtkendle** sind auch hier ein weißes Nachthemd, ein Schellenriemen und ein hoher, mit Goldpapier verzierter Spitzhut, der mit kleinen Wattebäuschchen beklebt ist. Eine Kunststoffmaske mit Bart verdeckt das Gesicht der Jungen. Es ist der Entlassjahrgang, also Schüler der letzten Hauptschulklasse, die die Chrischtkendle darstellen. Mit Spannung werden sie von den Familien mit kleinen Kindern erwartet. Auch hier verschenken sie nach dem „Examinieren" die von den Eltern bereitgestellten Geschenke. In Schluttenbach, dem kleinsten Ortsteil von Ettlingen in Nordbaden, gehen an den Adventssonntagen und am Weihnachtsabend die **Belzer** durch den Ort. Die schwarz bekleideten Belzer haben nur Gutes im Sinn und bereiten die Ankunft des Christkinds am Heiligabend vor. Am Heiligen Abend selbst führen sie dann das Christkind als Lichtgestalt durch Schluttenbach.

WO DAS CHRISTKIND VOM GIEBEL HERABSCHWEBT

Seit bald zweihundert Jahren versammeln sich am Heiligen Abend viele Biberacher Familien und auswärts lebende Biberacher, die zu Weihnachten in ihre Heimatstadt gekommen sind, um 17 Uhr auf dem herrlichen Biberacher Marktplatz mit seinen großen Patrizierhäusern. Erwartet wird das „**Christkindle ralassa**". Der festlich erleuchtete Christbaum und die Schaufensterbeleuchtung der umliegenden Geschäfte geben gerade genug Licht, dass die Vertreter des Hospitalrats ihre Lebkuchen an die Kinder verteilen können. Doch alle Anwesenden warten darauf, dass eine halbe Stunde später alle Giebellichter rund um den Marktplatz und auch der große Christbaum nach und nach erlöschen. Es ist fast ganz dunkel, Musikanten der Kleinen Schützenmusik, der Stadtkapelle und aus umliegenden Musikkapellen intonieren das „Biberacher Pastorale" und einige Weihnachtslieder, die gemeinsam gesungen werden.

Dann erscheint zu den Klängen von „Stille Nacht" und „Herbei, o ihr Gläubigen" im Giebel der prächtigen Gutermann'schen Häuser direkt unter der großen Stadtpfarrkirche das Christkindle. Es ist heute eine von Bildhauer Georg Lesehr geschaffene Figur aus dem Jahre 1959/60. Die Figur schwebt in einem künstlerisch mit Sternen gestalteten und eingebettet in einen beleuchteten Metall-Medaillon bis hinunter in das erste Obergeschoss. Es stoppt kurz und entschwindet zu den Klängen von „Wie können wir Vater der Menschen dir danken" wieder in den Himmel. Die langsame Bewegung wird andächtig von allen Augen verfolgt. Das Glockengeläut der Kirchturmglocken und das Wiederanzünden der Giebelbeleuchtung entlässt die Menschen festlich auf das Weihnachtsfest eingestimmt wieder nach Hause.

Entstanden ist der Brauch nach alten Urkunden bereits im Jahr 1820. Damals ließ ein Apotheker für arme Kinder erstmals eine beleuchtete Christkindles-Figur an seinem Haus herab, ein Konditor in der Stadt führte 1868 seine Idee weiter und verteilte Lebkuchen dazu. Im Jahr 1904 übernahm die Stiftung „Hospital zum Heiligen Geist" wegen der stetig größer werdenden Schar von Kindern den einzigartigen oberschwäbischen Brauch.

AM HEILIGEN ABEND BRENNEN DIE BERGE

Am Morgen des Heiligen Abends bauen die zwei Facklergilden Altensteigs ihre riesigen Holzstöße auf dem Hällesberg und auf dem Schlossberg auf. Bis zu zwölf Meter hoch sind die Scheiterhaufen. Das sachgemäße Aufeinandersetzen des Holzes verlangt viel Erfahrung und Sachverstand. Der Holzstoß soll ja so lange wie möglich stehen bleiben und so seinen Schein über das Nagoldtal ausstrahlen. An Heiligabend ziehen Jung und Alt von allen Seiten kommend zum Hällesberg oder zum Schlossberg. Wenn dann nach dem Gottesdienst um 18 Uhr die Glocken den Heiligen Abend einläuten, werden die langen Fackeln und der Holzstoß angezündet. Der ganze Berg erstrahlt im funkelnden Glanz. Es werden Weihnachtslieder angestimmt und von den Bläsern der Stadtkapelle begleitet.

Die Fackler rüsten sich mit selbstgebauten Riesenfackeln. Geschlitztes Spreißenholz wird zu – bis zu fünf Meter langen – Bündeln zusammengeschnürt. In größerem Abstand stellen die Fackler sich dann neben- und hintereinander auf den steilen Hangwiesen auf und schwenken die von der Spitze her brennenden Bündel. Auch immer mehr Wachsfackeln werden entzündet, bis ein riesiges wogendes Feuermeer weithin leuchtet und den Anschein erweckt, der Berg würde brennen. Diese feierliche Atmosphäre versetzt auch den letzten Zuschauer in weihnachtliche Stimmung. Die beiden Gilden wettstreiten miteinander, welcher der beiden Scheiterhaufen am längsten brennt. Erst wenn die Holzstöße abgebrannt sind, beginnt in den Familien die Bescherung.

HEILIGES HEILENDES WASSER AUS DEM BRUNNEN

In Endingen am Kaiserstuhl hat sich ein eigentümlicher Brauch erhalten. Nach der Christmette kurz vor der letzten Stunde des Tages versammeln sich die Bürger beider Konfessionen der Kaiserstühler Stadt um einen der zahlreichen Brunnen. Es wird gebetet und gesungen. Mit dem Schlagen der Kirchturmuhr schöpfen die Menschen die „Heliwog", die heilige Woge, in die mitgebrachten Behältnisse. Dem während der zwölf Glockenschläge geschöpften Wasser wird besondere Heilkraft zugesprochen. Bei der Rückkehr in Haus oder Wohnung spricht zumeist der Vater den Segensspruch „Heiliwog, Gottes Lob, Glick ins Hüs, Unglück nüß!" Anschließend trinken alle Familienangehörigen davon und auch den Tieren wird ein Schluck verabreicht. Einen weiteren Teil gibt man ins Weinfass und den Rest bewahrt man als Heiltrank für Krankheitsfälle auf.

PELZMÄRTLE
KÜSST CHRISCHTKENDLE

In nicht wenigen altwürttembergischen Orten zogen früher der **Pelzmärtle** und das Christkind gemeinsam durch die Stuben im Ort. Heute kann man diese archaischen Figuren nur noch an wenigen Plätzen erleben. So etwa in Sprollenhaus im oberen Enztal und in Gaistal, das zu Bad Herrenalb gehört. Auch dort erinnert der Pelzmärtle aber eher an einen Fastnachtsstrohbären. Allein das Ankleiden dauert über vier Stunden, denn der Träger dieser urwüchsigen Verkleidung wird komplett in geflochtene Strohseile eingebunden und eingenäht und dann mit Schellen behangen. Gemeinsam mit dem Christkind macht er sich, fast zur Bewegungslosigkeit verdammt, in seine heiße Verkleidung gewickelt, auf den Weg durch die Häuser.

Als Dank bekommen die Zwanzigjährigen, die im Pelzmärtle stecken, von den Familien Schnaps und Geld, das später gemeinsam verschmaust wird. Gestützt von drei Helfern und begleitet von sechs bis acht mit Lederpeitschen knallenden Treibern zieht die eigentümliche Gruppe am Heiligen Abend von Haus zu Haus. „Derf dr Pelzmärtle nei?", fragen sie an den Häusern, in denen Familien mit kleinen Kindern wohnen. Wird die Frage bejaht – was durchaus nicht immer der Fall ist – drängt sich der Pelzmärtle in die Stube und hüpft dort ein paar Mal, so gut es eben geht, in die Luft, um dadurch seine umgehängten Schellen zum Klingen zu bringen. Die Begleiter werfen unterdessen Süßes auf den Tisch.

Die Kinder tragen ihm nun Gedichte und Lieder vor. Das Christkindle geht dem Pelzmärtle meist voraus. Es ist in ein brautkleidähnliches Gewand gesteckt und durch einen Schleier völlig vermummt. Zwei Mädchen in Abendkleidern begleiten es. Auch hier verteilt das Christkindle nach dem Vortrag von Gedichten und Liedern Geschenke, die ihm vorher von den Eltern zugesteckt wurden. In Sprollenhaus gehen Pelzmärtle und Christkindle getrennt durch den Flecken. Wenn sie sich aber im Ort begegnen, darf der Pelzmärtle das Christkindle umarmen und küssen. Es ist ja schließlich das Fest der Liebe!

MIT SPOREN ZUM GEBET

Der zweite Weihnachtsfeiertag ist der Stephanstag oder Tag der unschuldigen Kindlein. In Argenbühl-Eisenharz im westlichen Allgäu, das gerade noch württembergisch ist, versammeln sich gegen 13 Uhr zwischen 100 und 150 Reiter, um den alten Brauch des **Stephansrittes** mit Leben zu erfüllen. Wiehern, Hufgetrappel und ein sanfter Geruch von frisch gefettetem Leder erfüllt die kalte Luft des kleinen Dorfes. Die Reiter umrunden die alte Stephanskapelle am Ortsausgang und empfangen anschließend den Segen des Ortspfarrers für sich und ihre Rösser. Sind die Pferde wieder versorgt, wird in der Halle bei heißen Würstle mit Kartoffelsalat manche Anekdote aus den vergangenen Jahrzehnten preisgegeben.

SILVESTER >>

DIE PROMINENTEN AUF DER WAAGE

Andere Städte haben einen Neujahrsempfang – Nürtingen hat das **Silvesterwiegen**. Amtlich werden die Nürtinger Würdenträger bereits seit 1832 gewogen. Eingeladen werden neben den Stadt- und Ortschaftsräten die Abgeordneten des Kreises, die Behördenleiter, die Vertreter der Kirchen, Schulen und Banken, die Notare, die Vertreter der Medien und letztlich auch die Amtsleiter der Stadt am Silvestermorgen in die Stadthalle. Im Rahmen dieser Veranstaltung werden die Gäste auf einer Sackwaage gewogen und deren Gewicht in humorvoller Weise bekanntgegeben bzw. über die Ursachen der Gewichtszu- oder -abnahme gegenüber dem Vorjahr geforscht.

ZUM DANK AUFS PFERD

Seit bald vierhundert Jahren treffen sich rund 250 Reiterinnen und Reiter und Tausende von Besuchern in Aalen-Westhausen, um den **Silvesterritt** zu zelebrieren und das Jahr abzuschließen. Auf eine Viehseuche im Jahr 1626 geht die Wallfahrt zurück. Damals hatte man in der Not um Gottes Gnade gebetet, auf die Fürsprache des heiligen Papstes Silvester vertraut und ihm zu Ehren die Silvesterkapelle errichtet. Die Legende berichtet von einer Auferweckung eines toten Stieres durch Papst Silvester, der am 31. Dezember 335 starb. Vermutlich wird deshalb Silvester, der Pferdeheilige und Patron des Viehs, gerade im Gebiet der ehemaligen Fürstprobstei Ellwangen und darüber hinaus verehrt. Aus diesem Gebiet kommen auch die Reitergruppen zum Silvesterritt nach Westhausen. Mit seiner fast 400-jährigen Geschichte gehört er zu den ältesten Reiterprozessionen unseres Landes.

Der Tag beginnt um 11 Uhr mit der Pilgermesse in der Silvesterkapelle in Erinnerung an die Erhörung der Gebete und in der Verantwortung des Versprechens an den Heiligen, dieses stets an seinem Jahrestag zu wiederholen. So geschieht es schon seit bald vierhundert Jahren. Um 12 Uhr startet dann der Prozessionsritt. Dreimal führt der angewiesene Weg die Reitergruppen um die

Silvesterkapelle. Hiervor in der Kutsche stehend erteilt der Pfarrer mit der Monstranz den Segen. Viele Reiter nehmen die Kopfbedeckung ab und bekreuzigen sich. Der Reiterprozession schließt sich die Segensfeier auf dem Rathausplatz an. „Großer Gott, wir loben Dich", singen die Wallfahrer zum Abschluss bei der Prozession, begleitet von den Musikkapellen Westhausen und Lippach und den Fahnenabordnungen der Vereine.

DREIKÖNIG >>

„POTZ TAUSEND LIEBER BUA" – DREIKÖNIGSSINGER IN HASLACH IM KINZIGTAL

„Am Vorabend vor dem Dreikönigstag erschienen die **Heiligen Drei Könige** mit ihrem Stern". Und wer waren die drei Weisen? Drei Singknaben vom Kirchenchor, angetan mit Kronen und einem schneeweißen Hemdlein über ihrem ‚Sonntagshäs'. Der Stern aber war gebildet aus in Öl getränktem, weißen Papier, hatte vier mächtige Zinken in seinem Herzen einen ‚Lichtstumpen' aus der Kirche, ward von einem Nachtwächter getragen an einer großen Stange und mit einer Schur in planetenmäßige Bewegung gesetzt. Das war die Gesellschaft, auf die jedes Kind in freudiger Erwartung sein Herz lenkte … Und was sie sangen, klang so wunderbar aus Kindermund zu Kinderherzen, dass wir nicht lange genug horchen konnten. Und die alten Leute schauten aus den Fenstern und in ihrer Seele tönten wieder aus der Jugendzeit die alten Dreikönigslieder. Es sind lauter Kinderlieder, das heißt Volkslieder, diese Dreikönigslieder von Hasle". So schildert der badische Pfarrer, Landtagsabgeordnete und Volksschriftsteller Heinrich Hansjakob das Dreikönigssingen in seiner Heimatstadt Haslach im Kinzigtal. An seiner Schilderung hat sich bis heute kaum etwas verändert. Die Kinder tragen zwar keine Chorhemden mehr, sondern Königsgewänder. Aber noch immer ziehen die Dreikönigssinger vom Neujahrstag an bis zum Dreikönigstag durch das Kinzigtalstädtchen und singen mehrstimmig die traditionellen Haslacher Dreikönigslieder. Zehn alte Dreikönigssinger-Lieder sind in Haslach überliefert.

Das **Sternsingen** geht auf die Erwähnung der Sterndeuter in Matthäus 2, Vers 1 zurück. Im sechsten Jahrhundert wurden auf Grund der drei Weihegaben und des Bezuges auf Psalm 72 („Die Könige von Tarschisch und von den Inseln bringen Geschenke, die Könige von Saba und Seba kommen mit Gaben") drei Personen vermutet. Im achten Jahrhundert wurden daraus die Könige mit den Namen Caspar, Melchior und Balthasar.

Im 16. Jahrhundert lässt sich der Brauch des Sternsingens erstmals urkundlich nachweisen. Bis in das 20. Jahrhundert gingen Kinder und Jugendliche, meist aus ärmeren Verhältnissen stammend, in Eigeninitiative von Haus zu Haus und sammelten Naturalien und Geld für sich und ihre Familien. Seit Mitte des 20. Jahrhunderts gibt es in Deutschland Sternsingeraktionen, deren Erlös an Entwicklungshilfeprojekte gehen, die Kindern in Not weltweit helfen. 2011 wurden in Deutschland fast 42 Millionen Euro gesammelt.

Deshalb ziehen nicht nur in Haslach, sondern mittlerweile in fast jeder Gemeinde des Landes die Kinder von Haus zu Haus, um Segen zu wünschen und Geld für die Sternsingeraktion zu sammeln. Mit weißer Kreide schreiben Sie an die Haustüren:

20 * C + M + B * 15

Dabei bilden die Zahlen das Jahr und die Buchstaben nicht, wie volkstümlich angenommen, die Namen der Könige, nämlich Caspar, Melchior und Balthasar, sondern *christus mansionem benedicat* = lat. Christus segne dieses Haus. Für ihren Segenswunsch und die Gesangsdarbietung bekommen die Sternsinger Süßigkeiten zum Eigengebrauch und natürlich Geld für die Sternsingeraktion.

Weihnachtliche Bauernregeln

Aus dem vielhundertjährigen Erfahrungsschatz und der familiären und gesellschaftlichen Überlieferung stammen gereimte oder ungereimte Weisheiten, die man landläufig Bauernregeln nennt. Heute kennt kaum noch einer die Namenstage, auf die sich viele Bauernregeln beziehen.

Noch vor wenigen Jahrzehnten fand der Großteil der Bevölkerung im Ländle in der Landwirtschaft sein Auskommen. Wie kein anderer Berufsstand waren die Bauern vom Wetter auf Gedeih und Verderb abhängig. War das Wetter gut, konnten üppige Ernten eingebracht werden. War das Wetter schlecht, drohten unter Umständen Hunger und Not, wie zuletzt 1816, als ein Vulkanausbruch in Indonesien das Wetter im Land derart beeinflusste, dass keine Ernte eingebracht werden konnte, Man sprach vom „Jahr ohne Sommer". Als dann im Jahr darauf der erste Erntewagen wieder eingebracht wurde, stiftete der württembergische König Wilhelm I. und seine Frau Katharina ein „Landwirthschaftliches Fest zu Cannstatt", um die Bauern zu guten Leistungen zu ermutigen. Auch die königlich-württembergische Lehranstalt für Forst- und Landwirthschaft, die heutige Universität Hohenheim, wurde vom Regentenpaar initiiert.

Über lange Zeit war also der Erfahrungsschatz der ländlichen Bevölkerung gefragt, der in Bauernregeln seinen Ausdruck fand.

BARBARA, 4.12.

Nach Barbara geht's frosten an,
kommt 's früher, ist nicht wohlgetan.

Knospen an Sankt Barbara,
sind zum Christfest Blüten da.

Barbara im weißen Kleid,
verkündet gute Sommerzeit.

Zweige schneiden zu Sankt Barbara,
Blüten sind bis Weihnacht da.

Auf Barbara die Sonne weicht,
auf Lucia sie wiederum herschleicht.

Geht Barbara im Klee,
kommt 's Christkind im Schnee.

Geht Sankt Barbara in Grün,
kommt 's Christkind in Weiß.

NIKOLAUS, 6.12.

Regnet es an Nikolaus,
wird der Winter streng, ein Graus.

Trockener Sankt Nikolaus,
milder Winter rund ums Haus.

Fließt zu Nikolaus noch Birkensaft,
kriegt der Winter keine Kraft.

Sankt Nikolaus
spült die Ufer aus.

Trockener Nikolaus,
milder Winter rund ums Haus.

HEILIGER ABEND, 24.12. UND WEIHNACHTEN, 25.12.

Wenn 's zu Heiligabend schneit,
ist das Weihnachtsfest nicht weit.

Ein grüner Christtag, ein weißer Ostertag.

Wer sein Holz um Christmett fällt,
dem sein Haus wohl zehnfach hält.

Bringt das Christkind Kält' und Schnee,
drängt das Winterkorn in die Höh'.

Wenn es Weihnachten flockt auf allen Wegen,
das bringt den Feldern reichen Segen.

Wenn Christkindlein Regen weint,
vier Wochen keine Sonne scheint.

Wie die Witterung an Adam und Eva,
so bleibt sie bis Ende des Monats.

Ist's Heiligabend hell und klar,
folgt ein höchst fruchtbares Jahr.

Ist es Grün zur Weihnachtszeit,
fällt der Schnee auf Ostereier.

Ist 's windig in den Weihnachtstagen,
sollen viel Obst die Bäume tragen.

Ist die Weihnacht hell und klar,
hofft man auf ein fruchtbar' Jahr.

Steckt die Krähe zu Weihnacht im Klee,
sitzt sie zu Ostern oft im Schnee.

Grüne Weihnachten, weiße Ostern.

Hängt zu Weihnacht Eis an den Weiden,
kannst du zu Ostern Palmen schlagen.

Kommt weiße Weihnacht,
der Winter lang und hart.

Auf windige Weihnachten
folgt ein glückliches Jahr.

STEPHANSTAG, 2. WEIHNACHTSTAG, 26.12.

Bringt Sankt Stephan Wind,
die Winzer nicht erfreut sind.

Windstill muss Sankt Stephan sein,
soll der nächste Wein gedeihn.

Schneit 's am Unschuldigen Kindle,
fährt der Januar in die Schindle.

Habens die unschuldigen Kindlein kalt,
so weicht der Frost noch nicht so bald.

Sitzen die unschuldigen Kindlein in der Kälte,
vergeht der Frost nicht in Bälde.

Wenn 's Christkindlein die Tränen weint,
für vier Wochen keine Sonne scheint.

SILVESTER, 31.12.

Ist 's zu Silvester hell und klar,
steht vor der Tür das neue Jahr.

Silvesterwind und warme Sonn',
wirft jede Hoffnung in den Bronn'.

Silvesternacht wenig Wind und Morgensonn,
gibt Hoffnung auf Wein und Korn.

Wind in Sankt Silvesters Nacht,
hat nie Wein und Korn gebracht.

Gefriert 's Silvester zu Berg und Tal,
geschieht auch dies zum letzten Mal.

Silvester Wind und warme Sunnen,
wirft jede Hoffnung in den Brunnen.

Krippaspiel'

Die Hirten waren seinerzeit die Ersten, die das Jesuskindlein in seiner armseligen Behausung besuchten, dann folgten die Drei Weisen. Vorher mussten Maria und Josef aber noch eine Bleibe finden. Ich habe die ganze Szenerie nach Württemberg zu den Menschen im Ländle transferiert und dabei die schwäbische Mentalität, Sprüche und Redensarten eingebaut, sodass lustige Weihnachtspiele enstanden sind, die aber dennoch den nötigen Ernst nicht vermissen lassen. Die drei Spiele können einzeln oder alle drei zusammen aufgeführt werden. Wenn sie alle drei oder auch nur zwei davon zur Aufführung kommen, so können die verschiedenen Akte der einzelnen Spiele auch miteinander vermischt und so eine spannende Dramaturgie inszeniert werden.

Von Wirttaberg noch Bethlehem – A schwäbischs Hirtaspiel

PERSONEN

Schäfer:
Meister Bartholomäus, genannt Barthel

Schäfergesellen:
Matthäus, genannt Mattheis
Heinrich, genannt Heiner

Schäfer-Lehrbuben:
Friedrich, genannt Frieder
Moritz

Erzengel Gabriel

Die singenden Engel

1. TEIL:

Die Schäfer kommen von hinten durch den Saal und ziehen spielend auf die Bühne.

Barthel:
Heilandsjessesdondrwetterkreuzkrabbabäraschella,
isch des a Saukälte heut.
Do grfiert oim jo beim Bronza dr Saich en Stanga.
Wemmr bei soma Weddr net krank wird, isch mr net xond!

Mattheis:
Scho lang nemme isch 's so kalt gwäa. I spier scho meine Fiaß
nemme. Von de Händ ond dr Nos ganz zom schweiga. Oaah.
Reibt sich die Nase. Mei Zenka isch scho ganz blau!

Barthel:
Die blaue Nos kommt net vom Friera.
Hättsch halt a bissle weniger tief ens Mooschtfässle guckt.

Mattheis:
Wemmr bloß no en Mooscht hättat! Außer a paar altbachene
Sprengerla isch älles weg. Wie soll ons des no de näggschde
Wocha nauslanga? Bei ons rennat Mäus mit vrheulte Auga
aus dr Speiskammer.

Barthel *verzweifelt resignierend*:
No miaß mr halt wieder d' Gosch ans Tischeck schla ond
hongra, wia scho so oft. Ons rechtschaffene Schäfer hot dr
Herrgott scheint 's vergessa.

Frieder:
Jawoll, so isch's no au wieder!
Bekommt vom Mattheis eins ins Genick!

Mattheis *ärgerlich und aufgeregt*:
Do hosch recht, Moischter. De Reiche werdat emmer reicher,
ond de Arme emmer ärmer. Dene Graußkopfate kälbret no dr Säg-
bock uf dr Beehne. Isch des onserm Herrgott sei Gerechtigkeit?

Frieder:
So isch 's no au wieder!
Bekommt vom Mattheis eins ins Genick!

Heiner:
Wär i no daheim bliebe im schöne Badnerland ...

Barthel:
Wa, ihr Badner hend da gleiche Herrgott. Oder etwa net?
Lieber a Ratz in der Kuche, wia en Badener im Hausgang!

Heiner:
Wenn i nomol uf d' Welt käm, i käm nimmi.

Mattheis:
Mir miassat halt hoim en onser Geburtsstadt en 's schöne
Wirttaberg. Dr Kaiser Auguschtus hot schließlich befohla,
dass sich jeder schätza lassa soll ...

Heiner:
Du bisch gli gschätzt!

Mattheis:
Au wenn mir nix hend, was mr essa kenntat,
sottat mir ons auf die weite Reis' macha.
Sonscht kriegat mr no Ärger mit dr Obrigkeit.
Ond mit dene isch net guad Kirscha essa.
Hoffentlich fendat onsre Schof ondr dem viela Schnai
a paar Hälmla, sonscht kriagat mir no a grauße Kataschdrof.

Barthel:
Hoff mr's. I denk, mir sottat ons jetzt erscht mol a Nachtquartier
suacha ond ons morga friah bezeita uf da Weg noch Stuegert
macha, damit mr ons em Amtsoberamt melda kennat.
Sotte wir ons femf geit 's koine vier, weil mir drei die zwoi
onzigschte send.

Heiner:
Stuttgart, des passt mr gar nit. In Stuttgart mecht ich
nit mol tot übrm Zaun hängä.

Mattheis:
Bei ons isch nix zom hola. Des werdat dia Beamte no scho
merka. Lang mol ama nackta Ma en Sack.

Heiner:
Kommet, mir mache dört unser Nachtlager.
Do isch a bissle gschützt.

Frieder:
Jawoll, so isch 's no au wieder!
Bekommt vom Mattheis eins ins Genick!

Mattheis:
D' jonge Bäum muaß mr beizeita z'rechtbiega!

Die Schäfer bauen ihr Nachtlager auf und packen die Instrumente aus.

2. TEIL

Heiner:
Wenigschtens hämmr unsri Inschdrument drbii.
So kenne mir uns a bissle vom Hunger ablenke.

Barthel:
Jawoll, wenn d' Schäfer aufspielat, bleckt dr Teifl d' Zäh'!

Mattheis:
Kommat Manna, mir spielat a bissle,
no gebat onsere Schof bessere Woll ond
kriegat a bessers Floisch.

Die Schäfer spielen und singen ein Lumpenliedle.
Danach stehen sie auf ihre Schippen gestützt im
Halbkreis zusammen und sinnieren.

Barthel zum Heiner:
Ha Du kasch senga wia a Sau krebsla.

Mattheis:
Wenn bloß endlich dr Messias käm. Uf em letschta
Pfengschtmärkt hend se 's scho vrzehlt, dass bald dr
Heiland käm ond ons von onserm Elend erlösa dät.

Barthel:
Awa, des hot mei Ähne ond mein Urähne ond dem sei
Ururähne scho vrzehlt.
Ond was isch passiert? Nix.
Koinr isch komma, wo sich für ons kloine Leut stark
gmacht hätt. Dene Graußkopfete lauft halt dr Rotz
zwoispurig d' Backa nauf ond mir Seggl miassat hongra.

Heiner:
Zu uns kommt de Heiland sowieso nit.

Frieder:
So isch 's no au wieder!
Bekommt vom Mattheis eins ins Genick!

Mattheis:
Aber wenn dr Heiland jetzt käm,
dohanna zu ons?

Barthel *mürrisch:*
Wenn, jo wenn ... Wenn Katza Gäul wärat,
no könnd mr auf d' Bäum nuffreida.
Zu ons kommt 'r net, do hot der Badener scho recht.

Mattheis:
Aber wenn doch?

Barthel:
Was wenn? Wa no? Was wär no?

Mattheis:
Ja wenn 'r de froga dät: „Was wenscht Du Dir?"
Was dädescht no saga?

Barthel:
I bräucht halt a paar Händscha
... ond an wollena Schal
... ond a Kapp!

Heiner:
Und i bräucht a neue Klarinett!

Mattheis:
An graußa Bolla Leaberkäs ond Spätzla mit Soß',
des dät i mir wünscha.

Frieder:
So isch 's no au wieder!
Bekommt vom Mattheis eins ins Genick!

Mattheis:
Frieder, wenn Du so groß wärescht wia domm,
no kenntescht da Mond küssa!

Heiner:
De Dumme sind unserm Herrgott sini
liebschte Kinder ...

Barthel:
Des send älles Sacha, die schnell wieder vergessa send.
Zu was brauch i an Schal wenns wieder wärmer wird?
Leabrkäs ond Spätzla send au bald vrdaut ond so a quietschige
Klarinett' mecht i au net jeden Dag hera.

Denkt nach und kratzt sich am Kopf und sagt dann bedächtig:
Vielleicht sottat mir ons vom Erlöser wirklich
Erlösung von de schlechte Sacha wünscha.
's isch so viel Neid, Missgonscht, Gwalt ond O'frieda uf dr Welt.
Do schlagat sich d' Leit gegaseitig da Grend ei, bloß damit se
no maih hend. Maih, maih, maih, no maih ond nomol maih.
Ond drbei wissat se gar nemme, wo na drmit mit dem
viela „Maih".

Mattheis:
Aber wenn de oine so viel hend,
dass se 's net amol vrbraucha kennat,
no miassat jo de andere hongra ond darba.

Barthel:
Dr Teufl scheißt äwwl uf de graißschte Häufa.

Frieder:
So isch 's no au wieder.
Bekommt vom Mattheis eins ins Genick!

Barthel:
Dr Frieda uf dr Welt, ond dass älle gnuag zom essa hend ond
net von ma despotischa Regenta plogt werdat – des dät i für
ons älle vom Heiland wenscha.

Heiner beginnt auf dem Flügelhorn eine ruhige Weise zu spielen,
Barthel setzt nach acht Takten dazu ein und Mattheis spielt den Bass dazu.
Nach zwei Durchspielen schließt sich ein flottes Stück an, zu dem Frieder
mit dem Akkordeon den Nachschlag spielt und Moritz mit Schäferstecken
und hölzernem Kochlöffel den Takt klopft.

Heiner:
He Frieder und Moritz, ihr Lehrbuabä.
Was wünschat ihr euch eigentlich??

Frieder und Moritz:
Onsre Ruah!
Legen sich hin. Die anderen tun es ihm gleich.

TEIL 3:

IN DER NACHT:

Die Engel treten an den vorderen Bühnenrand und
singen die erste Strophe vom Himmel hoch, da komm ich her.

Mattheis
erhebt sich schläfrig und lupft erschrocken den Hut:
Heimatsalat, was isch 'n do los? 's isch Mittag en dr Nacht,
aber do isch daghell? I sieh jo nix meh vor Helligkeit.
Ond was isch des für en Xang ond Jubiliera?

Die Engel singen die zweite Strophe.

I glaub i spenn. Sieh i Gschpenschtr?
I han doch gar koin Mooscht gsoffa.

Die Engel singen die dritte Strophe.

Moritz *singt alleine*:
Was soll des bedeuta? Es taget ja scho.
Ich weiß wohl, es isch erscht um Mitternacht oder so.
Guckat doher! Guckat doher!
Wie glänzat dia Sternle je länger je mehr!

Barthel:
Hemmelstuegertsaperment, wer treibt denn do
sein Spott mit ons. Sen mir net scho gschlaga gnuag.
Lassat mi schloafa.

Heiner:
Des wär uns im Badnerland nit passiert!

Frieder und Moritz:
Guckat mol: en Engel!

Erzengel Gabriel:
Fürchtet euch nicht! Siehe, ich verkündige euch
große Freude, die allem Volk widerfahren wird;
denn euch ist heute der Heiland geboren,
welcher ist Christus, der Herr, in der Stadt Davids.
Und das habt zum Zeichen:
Ihr werdet finden das Kind in Windeln gewickelt und
in einer Krippe liegen.

Mattheis:
Was solle 'n des hoißa? Kosch Du net Schwäbisch schwätza
wie reachte Engel?

Erzengel Gabriel:
Standat schnell auf ond machat euch auf da Weg noch
Bethlehem. Dort isch heut Nacht dr Heiland gebora, der 's
mit euch Schäfersleut guat moint. Dr Herrgott schickt mi,
dass ich euch Hirta als erschte die große Freud mitteila ka.
Gangat schnell ond vrgessat eure Inschrument net.
's Chrischtkendle mag luschtige Leut!

Heiner:
Himmel, jetzt schwätzat scho die Engel Schwäbisch.
Wo bliebe do mir Badener.

Matheis:
Hajo, dr Herrgott isch scheint 's au en Schwob.

Frieder:
So isch 's no au wieder!
Bekommt diesmal vom Heiner eins ins Genick!

Erzengel Gabriel:
's Chrischtkendle isch au für d' Badener do.
Gangat dapfer! Dr Stern zoigt euch da Weg!

Moritz *singt alleine*:
Treibat zsamma, treibat zsamma
die Schäfle uf dr Woid.
Treibat zsamma, treibat zsamma,
dr Stern zeigt 's ons heut!
A wonderschees Kend, a wonderschees Kend,
leit dort en dr Krippa bei Esel ond Rend!

Barthel:
Aber mir hend jo gar nix, was mr dem Chrischtuskindle als
Gschenkle brenga kentat. Mir hend jo selbr nix.

Erzengel Gabriel:
Gangat in Frieda. 's Chrischtuskendle will nix von euch.
Es wird euch reich beschenka! Spielat ihm ois auf.
Des gfallt em. Gangat jetzt dapfer!

4. TEIL:

*Völlig beeindruckt und verwirrt zurückgekehrt von dem Besuch im Stall
stehen die Schäfer wieder im Halbkreis zusammen und schütteln
bedächtig ihre Köpfe. Barthel trägt eine Stalllaterne in der Hand.*

Barthel:
Stell dr amol des vor: Do kommt dr Heiland emma
erbärmlicha Stall auf d' Welt ond liegt en ra Fuadrkripp'.
Des isch o'glaublich. Des glaubt oim koi Mensch.

Mattheis:
Ond sei Muadr, a bildscheene Frau. Ha, so was Schees
han i no nia gseah. Wie a rote Rose, die im Schnee bliaht.

Heiner:
Bi uns im Badnerland hätt mr wenigschtens a Gaschthaus für die
Heilige Familie gfunda, kei so a Ochsestall.

Frieder:
So isch 's no au wieder!
Bekommt vom Mattheis eins ins Genick!

Mattheis:
Dr Heilige Josef hot gsait, mir sollat dem Chrischtuskendle sei
Licht in d' Welt naustraga, damit Frieda uf dr Welt sei.

Barthel:
Frieda ondr de Menscha, koi Streit, koin Neid, aber

liebeerfüllts Handla von älle Leut,
des wär a Traum.

Mattheis:
Des muass koi Traum bleiba. Mir hend 's doch gspürt,
was für a Liebe ond Kraft von dem Christkendle ausganga ischt.
Es liegt an ons, des älle Leut zom saga ond zoiga.
Mir hends end dr Hand. Mir arme schwäbische ...

Heiner:
... un badische!

Mattheis:
... mir arme schwäbische – ond badische – Schäfer send
vom Herrgott ausgwählt worda, om dia Botschaft von
Liebe ond Frieda ondr de Leut zu verbreita.
Stell dr amol des vor!

Heiner *hält eine Stalllaterne hoch:*
Dr Heilige Josef hätt uns des Licht mitgeba,
damit mir des in d' Welt naustrage und alle Lüt saga,
dass dr Heiland gebore isch ond Frieda zu de Mensche bringt.

Barthel:
Guad Manna, no fanga mr dohenna glei a ond gebat
jedem von dene Leut a Kerzle mit hoim, damit jeder 's
Licht vom Chrischtkendle mit äll seiner Liebe ond seim
Frieda drhoim in sei Haus, zu seiner Familie, zu seine
Nochbr, Kollega ond Fraind brenga ka.

Mattheis:
Moischter, des isch a guade Idee.
Wenn mir älle dodrmit a'fangat ond des jeder
drhoim au so macht, no hemmr bald da Frieda uf dr Welt.

Heiner:
Au bei uns im Badnerland?

Barthel und Mattheis:
Nadierlich, au im Badnerland, du Gelbfiaßler!

Frieder:
So isch 's no au wieder!
Mattheis holt aus und will dem Frieder wieder eine geben, hält aber im Schlag inne, klopft dem Frieder auf die Schulter und gibt ihm die erste Kerze.

Die Schäfer verteilen Kerzen an alle Besucher.

Maria ond Josef uf Herbergssuche im Schwobaländle

PERSONEN:

Maria
Josef
Erzengel Gabriel
Lammwirt
Engelwirt
Ochsenwirt

1. TEIL:

VERKÜNDIGUNG DES ENGELS

(Fanfare)

*Maria sitzt alleine auf der Bühne, der Engel erscheint ihr,
Maria erschrickt.*

Erzengel Gabriel:
Griaß di Gott Maria, du Schöne. Unser Herrgott isch mit Dir, ond
Du bisch bsonders gsegnet ond auserwählt ondr älle Fraua.

Maria *erschrocken*:
Was isch denn des für an Gruaß, Du bisch jo gschpäßig.
Machsch Du di etwa luschtig ibr mi?

Erzengel Gabriel:
Brauchsch koi Angscht han, Maria. Dr Herrgott schickt mi.
I soll Dir sei freudige Botschaft brenga: Du hosch Gnade bei
onserm Herrgott gfonda. Ibr 's Johr wirsch Du a buckligs
Schürzle kriega ond an Sohn uf d' Welt brenga, ond dem
sollsch Du da Nama Jesus geba. Ond der wird amol grauß sei
ond „Sohn von onserm Herrgott" ghoißa werda. Ond onser
Herrgott wird ehm da Thron von seim Stammvater David
geba ond er wird Keenich sei ibr 's Haus Jakob uf älle
Zeita, ond sei Königreich wir koi Ende han. Er wird
Keenich ibr älle Leit, net bloß ibr 's Schwobaländle.

Maria:
I soll a Kendle kriaga, des amol Keenich sei wird – ond
net bloß ibr 's Schwobaländle? Des isch aber starker Toback.
Wie soll des au gau? I ben jo grad erscht drei Wocha mit 's
Zemmermann 's Josef vo Nazareth vrheiret.

Erzengel Gabriel: Losne guat:
Dr Hoilige Goischt wird ibr di komma, on dia Kraft vom
Höggschda wird di ibrschatta. Dorom wird mr au des hoilige
Kend, des von dir gebora wird, „Gottes Sohn" hoißa. Ond guck,
Dei Freundin Elisabeth isch au schwanger mit ma Sohn – ond
des in ihrem Alter. Wo mr doch von ihra denkt hot, dass se
o'fruchtbar sei. Aber bei onserm Herrgott isch nix,
aber au garnix o'möglich.

Maria:
Du sechsch Sacha! Aber sei 's wie 's will. Ich ben em
Herrgott sei treue Magd. Es soll so sei, wie du gsait hosch.

Erzengel Gabriel tritt ab.

Josef tritt auf.

Josef:
Maria, mei liebe Frau, do bisch jo.
I han Di scho ibrall gsuacht ond mir scho Sorga gmacht.

Maria:
Josef, mei liebr gottesfürchtiger Ma.
I muss dir ebbes Wichtigs saga.

Josef:
Was isch denn, worom bisch denn so ufgregt.

Maria:
Kasch mr 's glauba oder net, aber mir isch grad en Engel
erschiena ond hot gsait, dass dr Hoilge Geischt ibr mi
komma wird ond dass i a Kendle krieg, des von onserm
Herrgott bsonders gsegnet ond auserwählt sei. Stell dr vor:
Mr wird des Kendle „Gottes Sohn" hoißa ond mir sollet
ehm den Nama Jesus geba.

Josef dreht sich halb enttäuscht, halb erzürnt weg von ihr.
Sie geht ihm nach und schmiegt sich an ihn.

Maria *liebevoll*:
Josef, Du machsch jo Auga wia a Kuah wenn 's donnret.
Jetzt frei di halt.

Josef *spöttisch*:
Dr Hoilge Geischt wird ibr de komma, so, so. *Pause*
Ondr ällem isch Bschiss, bloß ondr dr Milch isch Wasser,
so hot scho mei Ähne gsait.

Maria:
Josef! Wie kasch du an mir zweifla. I ben dir a treus Weib, aber
onser Herrgott hot ons boide auserwählt, sein Sohn aufzomzieha.

Josef *grübelt erst noch missmutig und wird dann freudiger*:
Na ja: Gibt Gott a Häsle, no gibt 'r au a Gräsle.

Josef wird wieder nachdenklich:
Aber ibr kurz oder lang miassat mir noch Bethlehem ufbrecha,
en 's Oberamt Galiläa, dem Stammsitz vo meinr Familie,
weil doch der Oberamtma Cyrinius befohla hot, dass sich
jeder schätza lassa muass, en seinr Hoimatgmoind. Jetzt wo
Du schwanger bisch, wir des a arg beschwerliche Reis sei.

Maria:
Josef vertrau! Mit Gottes Hilfe werdet mir des scho schaffa.

Josef:
Jo, do hosch recht:
Wenn 's will, gibt dr Bock Mill.

2. TEIL:

HERBERGSSUCHE BEIM LAMMWIRT

Josef:
Oh, heit isch hehlenga kalt. Maria, mir miassat ons beeila,
's wird bald Nacht ond mir hend no koi Quartier.
Em Freia kemmr net schlofa.

Maria:
I ka mit meim Kiegele halt net sprenga wia a jonge Gois.
Mir send scho so lang ondrwegs, d' Fiaß dend mr weh
ond 's isch arg beschwerlich.

Josef:
Guck, do vorna isch 's Schild vom Gaschthaus Lamm.

Do will i froga, ob se a Zemmer fir ons hend.

Josef klopft mit seinem Stecken auf den Boden,
der Lammwirt kommt mit grimmiger Miene hervor.

Lammwirt *ungehalten und wüst*:
Was isch, was wend 'r, machat noore,
i han koi Zeit für Bettelleit!

Leuchtet Josef mit der Laterne ins Gesicht.
Was bisch en Du fir oiner?
Du machsch jo a Gsicht wia a pensionierter Aff.

Josef:
Guadr Ma, mir miassat zur Volkszählong,
hend en weita Weg hendr ons ond suachat a
Nachtquartier. Hend 'r koi Zemmer fir ons?

Lammwirt:
Koin Kreuzer Geld em Sack, aber Kendla macha,
des kennat 'r. Für so a hergloffas Bettlerpack
han i koin Platz.

Josef:
Aber guadr Ma, sehet 'r denn net, dass beim meim Weib bald
soweit isch. Mir braucht bloß a klois Kämmerle.

Lammwirt:
Scherat eich zom Teifl. Mir send a a'ständgs, ruhigs ond gepflegts
Haus. Bei ons nächtigat römische Beamte ond dia Heilige Drei
Keenig hend sich au a'kündigt. Do kennat mr koi Weibr- ond
Kendrgschroi von dorhergloffene Bettlleit braucha. Narrete Küah
hend spinnate Kälbla. An so Leut wia euch han i Freid, wia a
Hond ama Wefzganescht.

Droht Josef: Blitzdondrsapprmoscht, scherat euch fort ihr wurmige Scheuraburzler. Ihr vrtreibat mr jo dia ganz Kondschaft. Weg jetzt, sonscht hol i mein baißa Hond! *Tritt ab.*

Josef *kocht vor Wut*:
Arrg, do kenntescht uf dr Sau naus ond uf de Borschta wieder rei. Den groba Klotz holt dr Teifl amol pfondweis.

Maria *sanft*:
Reg' de net uf, lieber Josef. Gscheider mr denkt älles was mr sait, als mr sait älles was mr denkt.
Komm, mir suachat weiter. Mir werdat scho ebbes fenda.
Wenn dr Herrgott will, goht fir ons a Türle uf.

Josef:
Wenn, wenn, wenn. Wenn d' Katza Gäul werat, kenntat mr d' Bäum nuffreita.

Maria:
Bittre Pilla muasch schlucka, net vrbeißa.
Josef, mir werdat 's scho recht macha.

Josef *grantig*:
Freile, freile, mr ka älles macha, sogar brotene Eiszapfa.

3. TEIL:

HERBERGSSUCHE BEIM ENGELWIRT

Maria:
Josef, i ka schier nemme krattla.
Ond 's ziagt scho saumäßig en meim Leib.

Guck, dovorna em Engel, do frogat mr noamole.
Des wird scho a chrischtlichs Wirtshaus sei – bei dem Nama.

Josef *klopft mit dem Stock*:
Grüß Gott Herr Engelwirt. Mit Ehr ond Verlaub,
hend ihr no a Plätzle frei für mei gsegnets Weib on mi ...
bloß für oi Nacht.
Es isch scho spät ond kalt, ond wer woiß,
vielleicht kommt „onser" Kendle bald uf d' Welt.

Engelwirt:
Guadr Ma, guade Frau, i seh, dass ihr dringend a Quartier
brauchet, aber mei Haus isch bis ondr d' Decke voll mit Leut',
die em Oberamtma Qyrinius seim Aufruf nochkomma müassat.
So gern i euch ondrbringe tät, ich hab kei Eckle meh frei.
En mein Haus isch 's so voll, do fendat sieba Katza koi Maus.

Maria:
Lieber Wirt, könntat mir net en dr Wirtsstub ondrkomma.
I ka nemme weit laufa.

Engelwirt:
Tut mr leid. Do sitzet Leut', die mir a guat 's Geld zahla,
dass se im Warme sitza und zecha dürfet.
Suchet euch a anders Plätzle. Ganget in Gotts Name.
Geht ab.

Josef *zu Maria*:
D' Zeita send net schlecht, aber d' Leut'.

Maria:
Mir werdat scho no a Plätzle fenda, lieber Josef.
Ama jeda Hasa geit Gott sein Wasa, ond solang mr sengt,
isch d' Kirch no net aus.

4. TEIL:

HERBERGSSUCHE BEIM OCHSENWIRT

Josef:
Maria, horch,
do henda aus sellem Gaschthaus heert mr Musik.
Wo Musikanta send, send au guade Menscha.
Vielleicht fendat mr dort a Nachtquartier.

Maria:
Geb 's Gott, dass dei Eigebong recht stemmt.

Josef *klopft mit seinem Stecken*:

Ochsenwirt:
Griaß Gott mitnander, wo kommat 'r au so spät no her?

Er sieht Maria und erschrickt:
Oh jeh, ond ihr send au no en andre Omständ.
Des wird nemme lang gau, so wie 's aussieht. *Lacht*
Ond nei isch leichter wie naus.

Maria:
Lieber Herr Wirt, mir send scho lang ondrwegs ond
bei mir isch bald die Zeit komma, i ka nemme weiterganga.
Hättat ihr ons net a klois Plätzle zom ibrnachta?

Ochsenwirt:
Hm, älle meine Zemmer send belegt, sogar ibrbelegt.
's isch bald Weihnachta ond no kommt au scho d' Fasnet,
do kommat viele Musikante en d' Stadt. Aus Tradition wohnat
dia emmer bei mir. Mir megat d' Musikanta ond do isch
emmer ebbes los.

140

Josef:
Kenntat mir net en eurer Scheur ibrnachta? Sie sehnat jo,
mei Weib kommt nemme weiter. No hättat mir wenigschtens a
Dach ibrm Kopf, ond dr Wend dät au et so eisig pfeifa.

Ochsenwirt:
Au mei Scheur isch scho mit Musikanta belegt. Do isch a ganze
Bloskapell aus Cannstatt ondrkomma. Koi Fleckle isch do meh
frei. Aber wenn 'r euch so weit rablassa wellat, dann kenntat 'r
em Stall ibrnachta. Vorgeschtern isch mr a Kuah vrreckt, ond
derra ihren Platz kennt i frisch mit Stroh ei'streua, ond wenn
euer Weib heut niederkommt, no kenntat 'r des Kendle en a
Krippe lega. A paar frische Leintücher hot mei Weib au no
oimats. Wenn 's euch des dät, no ka i euch des als Obdach bieta.
Dr Ox ond dr Esel werdat no scho au a bissle für d' Wärme sorga.

A guade Rindrbrüah ka Eich no a bissle Kraft ond Wärme
vrschaffa.

Maria:
Guadr Ma, mir isch älles recht. Dr Herrgott soll euch für
eure Barmherzigkeit reich segna. Vergelt 's Gott, guter Wirt.

Ochenwirt:
Segnes Gott. Schau recht.
's kennt halt a bissle laut werda – bei dene ganze Musikanta.

*Der Wirt führt die beiden zur Krippe. Maria beugt sich über die Krippe
und breitet ihren Umhang ganz über der Krippe auf. Josef kniet nieder
und betet, sich an seinem Stab haltend.*

(Lied: Es ist ein Ros entsprungen)

Drei Weise aus em Schwobaland – Ein Dreikönigsspiel

DIE PERSONEN:

König Kaschpr
König Melches, der Schwarze
König Balthes
Mercedes, die Sternträgerin
Herodes, König der Juden
Sprecher

DIE WEISEN AUS DEM MORGENLAND

Sprecher:
Matthäus Kapitel 2

1 Da Jesus geboren war zu Bethlehem im jüdischen Lande, zur Zeit des Königs Herodes, siehe, da kamen die Weisen vom Morgenland nach Jerusalem und sprachen:

2 Wo ist der neugeborene König der Juden?
Wir haben seinen Stern gesehen im Morgenland und sind gekommen, ihn anzubeten. (4. Mose 24,17)

3 Da das der König Herodes hörte, erschrak er und mit ihm das ganze Jerusalem.

4 Und ließ versammeln alle Hohenpriester und Schriftgelehrten unter dem Volk und erforschte von ihnen, wo Christus sollte geboren werden.

5 Und sie sagten ihm: Zu Bethlehem im jüdischen Lande; denn also steht geschrieben durch den Propheten:

6 (Johannes 7.42) „Und du Bethlehem im jüdischen Lande bist mitnichten die kleinste unter den Fürsten Judas; denn aus dir soll mir kommen der Herzog, der über mein Volk Israel ein HERR sei."

7 Da berief Herodes die Weisen heimlich und erlernte mit Fleiß von ihnen, wann der Stern erschienen wäre,

8 und wies sie gen Bethlehem und sprach: Ziehet hin und forschet fleißig nach dem Kindlein; wenn ihr's findet, so sagt mir 's wieder, dass ich auch komme und es anbete.

9 Als sie nun den König gehört hatten, zogen sie hin. Und siehe, der Stern, den sie im Morgenland gesehen hatten, ging vor ihnen hin, bis dass er kam und stand oben über, da das Kindlein war.

10 Da sie den Stern sahen, wurden sie hoch erfreut

11 und gingen in das Haus und fanden das Kindlein mit Maria, seiner Mutter, und fielen nieder und beteten es an und taten ihre Schätze auf und schenkten ihm Gold, Weihrauch und Myrrhe. (Psalm 72,10; Psalm 72,15; Jesaja 60,6)

12 Und Gott befahl ihnen im Traum, dass sie sich nicht sollten wieder zu Herodes lenken; und sie zogen durch einen anderen Weg wieder in ihr Land.

1. AKT:

DIE DREI WEISEN TREFFEN DIE STERNENTRÄGERIN

Melches:
I sieh nix. Dohanna isch krabbaschwarze Nacht.
Dr Stern isch weg. Heidawetter, wo miaß mr denn na?

Balthes:
Sag 's Du 's mir 's!

Kaschpr:
Do, guck, do isch 'r. Der leuchtet so hell wia drhoim.
Mir hend en wieder!

Melches zu Balthes:
Wo?

Balthes:
Sag 's Du 's mir 's!

Kaschpr:
Drehat euch halt om, Ihr Gscheidle, no sehn 'r den Stern!
Der leuchtet jo heller wia a Osram-Fonzel.

Sternträgerin:
Gott zum Gruße.
Ja, wer send denn ihr?

Balthes:
Sag 's Du 's mir 's!

Kaschpr *schiebt Balthes beiseite, verbeugt sich und sagt*:
Mir send drei Gelehrte, Weise, Magier ond Sterndeuter aus em

Oschta vom Schwobaland ond folgad dem Sterna do,
den wo du do mit derra Stang do feschthebsch.

Melches:
Mir hend nämlich anhand von de Sternkonstellatziona
ausgrechnet, dass dort, wo der Stern am Heilga Obend
standa bleibt, a Wondr gscheha soll!

Weil nämlich dr Pluto im Aszendent Merkur vom Sternzeicha
Zwilling berührt wird, kann dr Mars, der en dr Jongfrau stoht,
den Stern an dr richtige Stell zom Leuchta bringa.

Sternträgerin:
So, so, der Mars stoht en dr Jungfrau.

Kaschpr:
Mir hend allerdings no viel meh berechna kenna,
gell Balthes!

Balthes:
Sag 's Du 's mir 's!

Kaschpr:
Dort, wo der Stern standa bleibt – ond älles deutet noch
onsere intelligente wissenschaftliche Berechnunga ond
onsere überaus weise Deutunga von de alde Schrifta auf
a Stadt em galliläischa Land na – also dort soll dr Messias,
der neue König, gebora werda. Stell dr mol des vor.

Melches:
En Messias, der des Volk von ällem Übel erlösa soll,
ond der die Liebe auf d' Welt brengt. So ka mr 's aus de
alde Uffschrieb und de Stellunga von de Stern rausdeuta.
Mir Magier oder Weise send Sucher. Mir suchat Gott.

Sternträgerin:
Des kann jeder behaupta. Wer send ihr ibrhaupt?
Ihr hend so a komischs Häs a. Wia hoißat ihr ibrhaupt ond wo
kommat 'r her? Ihr kennat doch net oifach drherkomma on a
oschuldigs Weib a'schwätza, des ghert sich doch net.
Jedenfalls dohanna en Wirttaberg net. Vielleicht kommat 'r
jo aus em Badischa, do hend se jo koin Astand, wia mr woiß.

Kaschpr:
Ha no. I ben dr Kaschpr ond komm aus Gschwend.
Der Nama Kaspar stammt au dem Persischa und
bedeutet „Schatzmeister".
zu Balthes: Ond des isch dr ...

Balthes:
Sag 's Du 's mir 's!

Kaschpr:
... dr Balthes. Der kommt aus Upflamör.
Balthasar wird aus em Hebräischa abgleitet ond hoißt
„Gott wird helfen".

Etwas abschätzig: Wöll mr 's hoffa.

Melches:
I ben dr Melchior, genannt Melches ond komm ...
aus em Schwarzwald. *Pause*

Melchior kommt au aus em Hebräischa und bedeutet
„König des Lichts". Deshalb ben i so donkl.
Ond wer bisch Du?

Sternträgerin:
I ben die Sternaträgerin ond hoiß – Mercedes.

Kaschpr:
Sag amol, wieso hebsch 'n du den Stern?
Der hangt doch normalerweis am Firmament?

Melches:
An was hangt der?

Balthes:
Sag 's Du 's mir 's!

Kaschpr:
Am Firmament, also am Nachthemml doba.

Sternträgerin:
Der Stern hot vom Erzengel Gabriel dia Aufgab kriagt,
euch drei ond a paar Schäfer von Markgröninga ond Urach
hoimzomleuchta, beziehungsweise zu derra Stell zom führa,
wo sich des Wondr vollzieha soll. Ond weil des koi leichte
Aufgab isch, drei so weise Manna (!) da Weg zom zoiga,
helf i den Stern zom traga. No kannr sich leichter auf
da Weg konzentriera.

Kaschpr:
Ha des isch jo ganz wonderbar.
No brauchat mir jetzt bloß no ois doa.

Melches:
Was no?

Balthes:
Sag 's Du 's mir 's!

Kaschpr:
Von wega weise. Bei Dir hoißt 's au:

Studiert bis an da Hals,
ond dr Kopf isch a Rendvieh blieba.

Des isch doch logisch!
Mir brauchat jetzt bloß am Mercedes-Stern
hentrherzomdappa ond scho semmr do wo mr no wellat.

Melches:
Wo wella mr no?

Balthes:
Sag 's Du 's mir 's!

Kaschpr:
Zu dem neugeborana Kenig, zom Messias,
so wia mr 's en dene alde Schrifta glesa ond aus
de Sternkonschdellaziona deutet hend.

Auf jetzt!
Mercedes fahr ...
äh ...
gang Du voraus.

2. AKT:

AUF EM WEG NOCH BETHLEHEM

Sternträgerin:
Sag mol, ihr hend vorher gsait, ihr seiat Weise.
Was für Weise send ihr?

Balthes:
Sag 's Du 's mir 's!

Sternträgerin:
Weiß wie „weiß" ka ja et sei, weil dr Melches isch jo schwarz.
Bleibt also bloß Vollwaise oder Halbwaise?

Kaschpr:
Noi, des kommt von weise, weis, wia ...

Balthes:
Sag's Du's mir's!

Kaschpr:
.... weise, wia gscheit. Weise wia ibrlegt, versiert, vrnünftig,
klug, intelligent, gelehrt, geischtreich, erfahra, kundig, gereift.
Kurzum: net uf dr Brennsupp drhergschwomma.

Sternträgerin *zu Balthes:*
Der au?

Balthes:
Sag 's Du 's mir 's!

Melches:
Der au, der ka 's bloß guad vstecka.

Sternträgerin:
No isch recht. *Pause* Gscheidr mr denkt älles was mr sagt,
als mr sagt älles was mr denkt.

Kaschpr:
Wo fendat mir denn den neugeborena Kenig?

Sternträgerin:
Dr Stern ziagt mi Richtong Karlsruh',
also ens Badische nom.

Melches:
En 's Badische, noch Karlsruh'? Des kennt sei.
Wo soll denn an Kenig sonscht gebora werda, als ema
Königspalascht?

Balthes:
Sag 's Du 's mir 's!

Melches:
Oh Balthes, des war a rhetorische Frog,
do geit 's koi andere Antwort als „ha jo!"

Kaschpr:
No ziagat mr also noch Karlsruh', zom Kenig Herodes seim
Palascht. Vielleicht woiß der ebbes meh.

Melches:
Aue, dr Herodes isch koi Guadr, sagat d' Leut.

3. AKT

IM PALAST DER HERODES

Melches:
Griaß Gott Herr Keenig, mir dankat schee,
dass ihr ons in eurem Palascht empfanga hend.

Herodes *grantig*:
Wa isch, wa wend 'r, i han et viel Zeit.
I muaß regiera. Des schafft sich et von alloi.
Machat nore, dend et Maulaffa feil halta.
Die drei Weisen stutzen ob der rüden Ausdrucksweise.
Schreit: Also, wa wend 'r?

Balthes:
Sag 's Du 's mir 's!

Kaschpr schiebt Balthes beiseite, um ihn vor dem
cholerischen Herodes zu schützen.

Kaschpr *überfreundlich und devot:*
Liabr Herr Keenig Herodes, mir send Weise aus em
Oschta vom Ländle ond suchat den neugeborena Keenig.
Mir hend en Stern aufganga seha ond send komma,
zom den Messias azombeta.

Herodes *wütend:*
Hano, dohanna ben i Keenig ond sonscht koiner.
Isch des klar?

Melches:
In de Schrifta stoht: „Und du Bethlehem im jüdischen Lande
bist mitnichten die kleinste unter den Fürsten Judas; denn aus
dir soll mir kommen der Herzog, der über mein Volk Israel ein
HERR sei." Ond jetzt hend mir vermutet, dass ihr, lieber Keenig
Herodes, vielleicht wissat, wo sich des Wondr zutraga hot.

Herodes:
Wonder? Dohanna geit 's koine Wonder! Do isch älles reell.
So wie i. I ben Keenig em Ländle ond des bleib i au.
Wenn do a anderer komma will, no mach i den en Kopf kürzer.
Führt die flache Hand zur Kehle. Glaubat 'r des?
Rollt mit den Augen.

Balthes:
Sag 's Du 's mir 's!

Kaschpr stellt sich wieder schützend vor Balthes.

Kaschpr:
Lieber hochwohlgeborener, erlauchtetschter ond
allergnädigschter Keenig Herodes. Des Kendle wird euch
sicher koi Konkurrenz sei.

Melches:
Des isch jo bloß a Kendle ond wird uf ma ganz andera
Gebiet regiera wie ihr.

Herodes *lenkt scheinbar ein*:
Wenn i so driebr nochdenk, dann kenntat 'r recht han.
Mechtet 'r ebbes essa ond trenka noch der langa Reis'?
Do hot 's no a paar Kässpätzla von geschtern ond en Rescht
Mooscht. Greifat zua, was uf em Tisch stoht isch scho
vrschmerzt.

Melches:
Des isch aber aufmerksam. Danke. Aber mir wellat liebr schnell
weiter. Dr Stern stoht vor dr Tür ond mir wellat des Kendle bald
fenda. 's isch schließlich bald Nuijohr, ond do wellat mr wieder
drhoim sein.

Herodes *überlegt und grübelt*:
Recht so, recht so. *Überlegt weiter. Süßlich:* Bassat uf, ihr
drei Weise: Gangat ond suchat des Kendle. Ond wenn 'rs
gfonda hend, no kommat 'r wieder ond sagat 's mir. No ka i mi
au aufmacha ond des Kendle bsuacha, a'beta ond a Gschenkle
mitbrenga. Ond während i den kleine Keenig bsuach, kennat ihr
dohanna en meim Palascht logiera. I lass no extra en gmischta
Brota kocha, mit Spätzla ond Kartoffelsalat ond drzua geit 's en
guada Cannstatter Wei'! Isch des ebbes, ha, isch des net ebbes?

Balthes:
Sag 's Du 's mir 's!

Kaschpr stellt sich wieder schützend vor Balthes.

Kaschpr:
Des isch a ganz guade Idee. No gangat mir jetzt ond kommat
bald wieder, damit ihr kocha, ond mir ebbes reachts essa kennat.
Bhüat euch Gott, Herr Keenig.
Sie gehen ab.

4. AKT

UF DR GASS' VOR EM HERODES SEIM PALASCHT

Sternträgerin:
Ond, was hot dr Keenig Herodes gsait?

Balthes:
Sag 's Du 's mir 's!

Sternträgerin:
Kaschpr, Du siehsch jo aus wia a vermähte Krott.
Was hot 'r denn gsait, dr Herodes?

Kaschpr:
Bei Gott, i han do koi guat 's Gfühl bei dem Kerle. Des ischt a
Politiker. So oim kam mr et vertraua. Politiker send wia Tauba.
Wenn se mol uf em Dach hockat, no scheißat se uf oin ra.

Melches:
Do hoscht reacht. Des isch a ganz o'guadr Tropf.
Der moint au, er sei dr Peterleng uf älle Suppa.

Balthes:
's wird scho so sei solla, sonscht wär's net so.

Aber en Geizkrage isch 'r au. Altbachane Kässpätzla ond en
räsa Moscht. Pfui Teifl! Der will ons mit seim Sondichsessa
bloß locka. Gmischtr Brota mit Spätzla ond Kartoffelsalat.
Pah. I trau dem net, dem Geizkrage. A Geizhals ond a fette
Sau send erscht noch em Tod zu ebbes nutz.

Melches:
Jo, do hosch recht. Wemmr dem en Pfennig en da
Arsch klemmt, goht d' Prägung raus.

Kaschpr:
Des stemmt. Geiz isch a Sünde. Aber I trau dem au sonscht net.
Koi Gockl hot 's gern, wenn Fremde uf am Mischt scherrat.
Ond koi Keenig hört 's gern, wenn en seim Land en anderer
Keenig gebora wird.

Mir sottat nemme doher en da Palascht vom Herodes komma,
wemmr da Messias gfonda hend. Wer sich ondr d' Kleia
mischt, den fressat d' Säu. I trau dem Herodes zua, dass der
des Chrischtuskendle ombrenga lässt, wenn mir dem sagat,
wo er 's fendet.

Sternträgerin:
Guat, no dät i saga:
gangat mr.
Dr Stern ziagt scho mächtig Richtung Bethlehem.
Hend 'r au a Gschenkle für den neugeborana Messias?

Balthes:
Sag 's Du 's mir 's!

Kaschpr:
Mir hend drei sehr wertvolle Gschenkla drbei:
Weihrauch, Myrrhe ond rotes Gold.

Balthes:
's Gold isch a a'gmessas Geschenk für den graoßa neugeborana
Keenig. Des koschtbarschte, was onser Erde zu bieta hot.

Kaschpr:
Myrrhe isch für den von Gott gschickta Heiler,
den mr au Heiland hoißt. Myrrhe isch a Heilpflanze,
dia mr zom heiliga Salböl braucht, des wird mr dereinscht
au mol für sei Begräbnis braucha.

Sternenträgerin:
Ond Weihrauch?

Balthes:
Sag 's Du 's mir 's!

Kaschpr:
Weihrauch isch dr Gottesduft als Gschenk für den
zukünftiga Hohesprieschter von Israel.
So hot jeder ebbes von seirar Hoimat mit drbei.

Sternträgerin:
Guat, no kemmr jo jetzt ganga.
's isch nemme weit bis Bethlehem.

5. AKT

NOCH EM BSUACH VOM JESUSKENDLE

Melches:
I ka gar nemme. Jetzt isch der Heiland, der segensreiche
Friedensfürscht, ema Stall uf d' Welt komma.
Strackt zwischa Ochs ond Esel en ra Krippe.

I han mr jo viel vorstella kenna,
aber net des.

Kaschpr:
I be no ganz vrzückt. Was do om des Kendle ond sei Muadr
rom war. Wia en goldener Schein. Des hot mi ganz tiaf en
meim Herz ond meinra Seele berührt.

Melches:
I han des Kendle a'glangt, ond guckat au,
meine Händ send ganz weiß worda.

Kaschpr:
Was sollat mir aus dem Bsuach beim Jesuskendle lerna?

Balthes:
Sag 's Du 's mir 's!

Kaschpr:
Mir send den weita Weg durch 's ganze Ländle glaufa,
send dem Stern gfolgt, hend den grätiga ond despotischa
Herodes bsuacht, ond schließlich des heilige Kend, den
neua König von dr Welt, net etwa ema prächtiga Palascht gfonda,
sondern ema erbärmlich oifacha Stall. Mir send Sucher ond
Gelehrte. Mir hend Gott gsuacht. Ond mir hend en gfonda.

Kleine Pause
Vielleicht hättat mir gar net so weit laufa miassa.

Melches:
Wia moinsch des?

Balthes:
Sag 's Du 's mir 's!

Kaschpr:

Hoißt des net im ibrtragana Sinn, dass Gott bloß en
Tempel, Kircha, Dom, Münschter, Klöschter ond
Kapella zom fenda isch, sondrn ibrall?
Em Wald, auf em Feld, em Haus,
ondrm Hemmel, uf em Wasser ...

Balthes:

... ond vor allem en ons selber.
Denn bloß dort wohnt Gott ond des Jesuskendle
– wemmr 's bloß zulassat.
Des sag' i euch!!!

Melches:

Mensch Balthes,
hot Gott doch gholfa!

Kaschpr:

Guat, no lassat ons nausganga en d' Welt ond von dem Wonder
vrzehla, was mir erlebt hend in dem Stall in Bethlehem.
Lassat ons nausganga en d' Welt, jeder fir sich ond älle Leut
vrzehla, dass se da Frieda, d' Liab ond dann au Gott en sich
selber fendat, wenn se en bloß suachat.

Sprecher:

Viel hot 's scheint 's net brocht en über 2000 Johr, seit die
Drei Weise aus dem Morgaland des Jesuskindle bsuacht hend.
Emmer no isch O'frieda ondr de Menscha, Neid, Geiz, Leba auf
Koschta von andere, Machtkämpf ond Krieg. Auf onserer Welt
isch gnuag do für älle, aber net gnuag für die Gier von a paar
Oinzelne. Gangat wenigschtens ihr heut Obend hoim ond
tragat da Frieda ond die Liebe, die aus dem Wonder vom
Stall in Bethlehem wirkt, mit hoim, no werdat au ihr
Gott in euch fenda.

Wulf Wager

E r erblickte das Licht der Welt am 4.11.1962 in Gestalt einer 40-Watt-Glühbirne in Stuttgart-Plieningen. Nach mäßig erfolgreichem Besuch der Schule Ausbildung zum Verlagsbuchhändler bei Franckh-Kosmos in Stuttgart und Weiterbildung zum Werbefachwirt (VWA). Ist in zweiter Ehe glücklich mit seiner Hilde verheiratet. Vier tolle Kinder, zwei selber gemacht, zwei zugelaufen, eine zuckersüße Enkelin. Wager ist engagierter geschäftsführender Gesellschafter von Wager Kommunikation, leidenschaftlicher Musikant und brennender Erznarr, unterhaltsamer Mundartautor und -komödiant, charmanter Moderator und begeisternde Rampensau, mitreißender Tanz- und Musikleiter, kompetenter Spezialist für Bräuche und Fastnacht, fachkundiger Trachtenforscher und einfach ein netter, anständiger Kerl. Er leitet die Stäffelesgeiger, die Kapelle Trotzblech und die Spundlochmusig, ist komödiantisch auch mit seinem Solo-Programm „Männer send au Leut" oder „Trenk aus ond seng!" und mit Vorträgen zu Festen und Bräuchen im Ländle unterwegs.